Brilla

MILLIE HIDALGO

BRILLA

Brillando en medio de tu noche oscura

ALEXANDRIA
LIBRARY
PUBLISHING HOUSE
MIAMI

Brilla. Brillando en medio de tu noche oscura
@ Millie Hidalgo, 2019.
ISBN: 9781095046609

Edición y composición de interiores: Vilma Cebrián
www.alexlib.com
Diseño de cubierta: Eduardo Peraza

Dedicatoria

Dedico este libro primeramente a Dios,
porque por Él soy hoy lo que soy.

A mi papá, Apóstol Obed Peña,
quien, desde muy temprana edad, me enseñó
a amar a Dios. Gracias papi, porque tú me empujas
a querer brillar cada día más para Dios.

Contenido

Agradecimientos

Eduardo Peraza, gracias por el trabajo de la portada y por toda tu ayuda en este proyecto. Casi sin conocernos sacaste de tu tiempo para ayudarme a que este libro pudiera salir lo antes posible.

Vilma Cebrián, ¡cuán agradecida estoy contigo por tu trabajo de edición y corrección! Gracias por ayudarme en este proyecto. Nunca olvidaré que, sin conocerme, hiciste de este trabajo tu prioridad para que saliera súper rápido.

Pastora Wanda Rolón, gracias por ser un ejemplo para mí, y por toda la palabra que has sembrado en nuestras vidas. Gracias por sacar de tu valioso tiempo para escribir el prólogo. Eres un instrumento de Dios que bendice mi vida.

Gracias a la Iglesia Rhema en Milwaukee, Wisconsin, la cual pastoreamos. Agradezco sus oraciones sobre mí y mi familia. Gracias por cada semilla que han sembrado en nuestro ministerio.

Gracias a mi mamá, la Pastora Antonia Peña, quien juntamente con mi papá siempre me apoyaron incondicionalmente en mis sueños y mis metas. De ellos he aprendido mucho de lo que hoy soy. Mami, eres una guerrera de Dios. Tú y Dios son mayoría. Eres una mujer valiente y esforzada, y largo camino te resta todavía. Estoy muy agradecida a Dios por tu vida.

Gracias a mi esposo, Ilder Hidalgo, el amor de mi vida, mi ayuda idónea, mi amigo fiel, mi confidente, por el tiempo que sacaste para leer una y otra vez este libro. Gracias por escribir la introducción, agradezco tu ayuda y tus consejos, tan valiosos para mí. Gracias por ayudarme a querer ser una mejor persona. Gracias por siempre creer en mí y tener paciencia. Te amo por siempre y siento bonito al pensar que juntos, de la mano, llegaremos hasta el final de nuestros días.

Gracias a mis hijas Krystle, Grace, Zurymar y Adrianna, por las muchas veces que han sacrificado su tiempo para el ministerio. Las amo y estoy muy orgullosa de ser su mami. Gracias por ser hijas buenas, obedientes, bellas, y por siempre estar dispuestas a correr la milla extra para ayudarme en lo que necesite. Estoy muy agradecida de ustedes. Son el regalo de Dios a mi vida.

Prólogo

En este libro usted encontrará el testimonio poderoso de una mujer de Dios. Las experiencias extraordinarias que ha vivido le permitieron conocer a Dios, cara a cara. Cada una de esas vivencias solidificó su fe en el poder sobrenatural.

Con sencillez, pero de manera convincente, Millie comparte ejemplos que permitirán que su fe crezca y que se mantenga firme hasta ver su milagro. Ella también nos recuerda cuál debe ser la actitud del creyente y cómo debe enfrentar los momentos difíciles que a todos nos llegan.

Es importante que un libro como éste sea leído sin importar cuánto tiempo tenga usted sirviéndole a Dios, o incluso si todavía no ha tenido el privilegio de conocerle. Los ejemplos que presenta nos ayudarán a ver a un Dios siempre presente en cada escenario de nuestra vida, dispuesto a ayudarnos en todo.

Recomendamos este libro y esperamos que le desafíe y que sus consejos sencillos le mantengan enfocado en Dios. No importa si está atravesando su peor momento, espere confiado en sus promesas.

Apóstol Wanda Rolón
Presidenta y Fundadora del Tabernáculo de Alabanza
y Restauración La Senda Antigua
Autora del libro "*No Moriré*"

Introducción

oy la tecnología nos ha hecho olvidar lo importante que es leer un libro. Estamos tan envueltos en internet, celulares, tabletas y redes sociales, que olvidamos la importancia de una buena lectura. Algunos libros pueden parecer aburridos, pero otros muchos pueden tocar tu vida para siempre. Creo que este libro es uno de ellos, conozco a su autora, he vivido con ella casi treinta años, es mi esposa. Cuando la conocí supe que sería la compañera perfecta para mi vida. No sé si hubiera podido lograr las cosas que he logrado, si ella no hubiera estado en mi vida.

Este libro, *"Brilla"*, te impactará por los testimonios y experiencias que nos comparte su autora. Sus experiencias han sido verdaderas y marcaron su vida y la de todos los que hemos estado a su lado durante todo este tiempo. *Creo que todo lo que se hace tiene dos propósitos: primero darle gloria a Dios y segundo bendecir a la humanidad.* Hay dos cosas que nos llaman la atención de un libro, su autor y el tema de lo que trata. Te invito a introducirte en este libro y comenzar a brillar con su autora. Siento que mientras vayas leyendo, sentirás el corazón de Dios. Tu percepción de Dios cambiará totalmente.

Mi esposa ha estado en el ministerio desde muy joven. Sus experiencias, bendiciones, tristezas y noches oscuras la han hecho crecer como persona, mujer, esposa, madre, pero sobre todo como hija de Dios. Todos, una que otra vez, vamos a atravesar por el desierto y nos vamos a sentir decepcionados. Pero lo que hacemos en los momentos de dificultad es lo que determinará el final de la historia.

Es fácil adorar cuando todo está bien, cuando no hay problemas, y cuando mi familia está sana. Lo que realmente cuenta es qué hacemos cuando todo sale mal, cuando un diagnóstico médico no fue lo que yo esperaba. Hay noches oscuras donde pensamos que el sol jamás va a salir, pero luego de una noche negra siempre viene el amanecer. Nos desesperamos porque pensamos que lo que yo estoy pasando nadie lo ha pasado, que es terrible. Pero sabes que en este mismo momento hay personas pasando cosas peores. *Ten fe en que le servimos a un Dios fiel y verdadero, un Dios que nos promete en su Palabra nunca dejarnos ni abandonarnos.* Él está contigo todos los días de tu vida.

En *"Brilla"* Millie comparte algunos principios que la han ayudado a ser la mujer que hoy es. No importa nuestra situación presente; cuando ponemos nuestra confianza totalmente en Dios, entonces podemos brillar donde quiera que vayamos. Cuando tengo la certeza de quién es Dios en mí, no importa por donde esté atravesando, podré dejar el brillo de Dios adonde quiera que vaya.

Atrévete a brillar para Dios

Apóstol Ilder Hidalgo
Presidente de la Fraternidad Internacional del Reino
Autor de los libros *"Sé Íntegro"* y *"El ADN Espiritual"*

CAPÍTULO 1

Después de una noche oscura

Después de una noche oscura

*C*ómo saber cuál es la voluntad de Dios cuando todo a nuestro alrededor nos habla de mil cosas diferentes? ¿Cómo poder brillar cuando muchas veces todo lo que queremos hacer es escondernos?

> *¿Cómo buscar la voluntad de Dios en mi vida?*
> *Buscar y caminar en la perfecta voluntad de Dios*
> *no es nada menos que cederle a Dios*
> *el control de mi vida.*

¿Cómo buscar la voluntad de Dios en mi vida?

Buscar y caminar en la perfecta voluntad de Dios no es nada menos que cederle a Dios el control de mi vida. Muchas veces decimos: "Dios, quiero hacer tu voluntad" pero nos dejamos llevar por nuestras propias emociones, y terminamos haciendo lo que pensamos que es mejor para nosotros, olvidando completamente lo que Dios ha establecido en su Palabra y quiere para nosotros.

"El mundo y sus deseos pasan; pero el que hace la voluntad de Dios permanece para siempre".

1 Juan 2:17

Las cosas en esta tierra son pasajeras y lo único que quedará será Dios. Tal vez muchas personas te critiquen cuando aprendas a vivir solo para agradar a Dios. Es mejor vivir agradando a Dios que agradando a los hombres.

"Porque todo lo que hay en el mundo, los deseos de la carne, los deseos de los ojos, y la vanagloria de la vida, no proviene del padre, sino del mundo".

1 Juan 2:16-17

Job era un hombre conforme al corazón de Dios, él caminó en la voluntad de Dios, pero los temores de perder todo lo que tenía se hicieron realidad en su vida. El temor es una fe negativa, y aunque Job tenía todo lo que cualquier persona pueda desear en esta vida, una hermosa familia, casa, ganado, salud, y dinero, en un momento oscuro de su vida lo perdió todo.

"Entonces Job se levantó, rasgó su manto y se rasuró la cabeza; luego postrado en tierra, adoró y dijo: Desnudo salí del vientre de mi madre y desnudo volveré allá. Jehová dio y Jehová quitó: ¡Bendito sea el nombre de Jehová!"

Job 1:20-21

> *¿Quién realmente es Dios en nuestras vidas?*
> *Dios es mi creador, Padre, Hijo y Espíritu Santo.*
> *Es mi santo consolador, mi sanador, mi proveedor.*
> *Es el que me levanta, me sostiene y es mi pan.*

Hoy día en nuestra sociedad vemos la gran necesidad que tienen muchos de conocer quién realmente es Dios.

¿Quién realmente es Dios en nuestras vidas?

Dios es mi creador, Padre, Hijo y Espíritu Santo. Es mi santo consolador, mi sanador, mi proveedor. Es el que me levanta, me sostiene y es mi pan.

Tenemos miles de iglesias, pero muy pocas realmente brillando para Dios. Permitimos que cualquier circunstancia o conflicto nos aleje de Dios. Hay muchas personas con un vacío grande en sus corazones, simplemente porque no se rinden completamente a Dios.

Él simplemente está esperando que como hijos suyos, lleguemos ante su presencia y le adoremos. Job, en su noche más oscura, fue y le adoró. Él sabía que Dios era un Dios fiel y que no importaba lo que él estuviera atravesando, Dios le iba a ayudar. Job sabía que Dios estaba en control de todo en su vida.

Ha habido momentos en mi vida donde he sentido que Dios me abandonó, pero sé que Él está conmigo y ha prometido no dejarme ni abandonarme. Este sentir es lo que me da el valor y las fuerzas para continuar en mi jornada y para seguir brillando con todas las cosas hermosas que Él ha depositado en mí.

Cuando atravesamos por estos momentos de soledad, de angustia, de no saber qué nos depara el futuro, es donde podemos revelar nuestro verdadero carácter. Son en estos momentos donde Dios crea y hace que nuestro carácter se haga más fuerte en Él.

Pensemos por un momento en lo que Job tiene que haber sentido al perderlo todo, él era un hombre conforme al Corazón de Dios. La Biblia dice que:

"Hubo en tierra de Uz un varón llamado Job; y era este hombre perfecto y recto, temeroso de Dios y apartado del mal".
Job 1:1

...Sin embargo a este hombre le llegó su noche oscura.

¿Por qué como hijos de Dios atravesamos por noches oscuras?

En medio de mis desiertos es que he podido encontrarme cara a cara con Dios y he aprendido a confiar en Él. Muchas veces decimos confiar en Dios, pero es en nuestras noches oscuras cuando demostramos en quién realmente confiamos. Gracias a mis noches oscuras he podido arropar el nuevo amanecer con fuerzas, con más ganas de cumplir con el propósito que Dios ha designado para mi vida. Gracias a mis noches oscuras soy hoy la mujer que soy, he aprendido a no rendirme ante mis dificultades y a mirar la vida con gozo y alegría.

> *¿Por qué como hijos de Dios atravesamos por noches oscuras? En medio de esas noches oscuras es que he aprendido a confiar en Dios.*

Desde que recuerdo, la fe ha estado muy ligada a mi vida. Soy hija de un Pastor y desde temprana edad siempre vi a mis padres pasar por noches muy oscuras pero también vi como el nuevo amanecer siempre traía provisión y bendición. ¡Qué lindo cuando podemos confiar plenamente en Dios y saber que en medio de nuestros procesos Él siempre suplirá nuestra necesidad! En medio de tu noche oscura Dios ha preparado un ángel, Dios ha preparado provisión, Dios te va a enviar un cuervo.

"Ahora bien, Elías, el de Tisbé de Galaad, fue a decirle a Acab: «Tan cierto como que vive el Señor, Dios de Israel, a quien yo sirvo, te juro que no habrá rocío ni lluvia en los próximos años, hasta que

yo lo ordene.» Entonces la palabra del Señor vino a Elías y le dio este mensaje: «Sal de aquí hacia el oriente, y escóndete en el arroyo de Querit, al este del Jordán. Beberás agua del arroyo, y yo les ordenaré a los cuervos que te den de comer allí.» Así que Elías se fue al arroyo de Querit, al este del Jordán, y allí permaneció, conforme a la palabra del Señor. Por la mañana y por la tarde los cuervos le llevaban pan y carne, y bebía agua del arroyo".

1 Reyes 17:1-6

Aunque la nación de Israel estaba viviendo un tiempo de oscuridad y de sequía, Dios estaba haciendo provisión para su siervo Elías, y usó los cuervos para suplirle a Elías lo que necesitaba.

He servido a Dios toda mi vida y he visto muchos milagros, pero no por esto crea que no he tenido mis momentos de duda y de desesperación, mis noches oscuras. El enemigo siempre va a querer atacar nuestra fe en Dios, y lo hace con toda la intención para que perdamos nuestra perspectiva de quien realmente es Dios en nuestras vidas.

Dios quiere lo mejor para ti y para mí, y los milagros del ayer siguen siendo para hoy, pero no podemos perder la fe y la esperanza en Dios.

Atrévete a creer en este día que no importa lo que tú estés atravesando, la ayuda viene en camino. Que no importa cuán oscura sea tu noche, el nuevo día ya se acerca brillando como nunca y llevándose con él toda oscuridad. Me imagino a Elías pensando: *"pero, ¿por qué me voy a ir a ese lugar donde no hay nada de comer, solo un arroyo?"*. Pero éstos eran hombres que le creían a Dios y creían en su palabra. Tal vez llegaba la duda, pero ellos eran radicales creyendo en las promesas de Dios.

Dios nos habla hoy, y ¡qué difícil se nos hace obedecer su voluntad! En medio de este tiempo difícil que Elías estaba viviendo, él obedeció la Palabra que le dio el Señor, y pudo ver el cumplimiento de la misma. Algunas veces pensamos que nosotros somos los únicos atravesando por situaciones difíciles, pero cuando piensas que tu problema es el peor, te aseguro que hay otra persona con un problema más terrible.

Quiero dar algunos ejemplos de la Biblia de personas que atravesaron por noches oscuras en su vida.

"Entonces Jesús les dijo: Mi alma está muy triste, hasta la muerte; quedáos aquí, y velad conmigo. Yendo un poco adelante, se postró sobre su rostro, orando y diciendo: Padre mío, si es posible, pase de mí esta copa; pero no sea como yo quiero, sino como tú".
Mateo 26:38-39

• • •

El primer ejemplo que quiero dar es el de **Jesús**. En el Getsemaní, Jesús esa noche oró, porque sabía lo que vendría. Sus gotas de sudor eran como gotas de sangre.

Judas lo había entregado y ya estaba escrito por todo lo que Él pasaría. Él era el hijo de Dios y también Él paso por su noche oscura. Estando en la cruz gritó: *"¿por qué me has desamparado?"*

"Y desde la hora sexta hubo tinieblas sobre toda la tierra hasta la hora novena. Cerca de la hora novena, Jesús clamó a gran voz, diciendo: Elí, Elí, ¿lama sabactani? Esto es: Dios mío, Dios mío, ¿por qué me has desamparado?"

Mateo 27: 45-46

Dios estuvo con Él en todo momento, y a pesar de saber por el dolor tan grande que iba a pasar, estuvo dispuesto a pasar por su noche oscura para que hoy usted y yo pudiéramos tener salvación y vida abundante en Él. Hoy día vamos a la iglesia y alguien no te saluda, y ya estamos tristes y agobiados porque tal persona no me miró, no me dio mi lugar. Jesús caminó entre su pueblo haciendo milagros, liberando a los cautivos, haciendo el bien, y el día que lo apresaron, todos gritaban *"crucifíquenlo"*. Gente que tal vez él había ayudado, tal vez gente que él había liberado, ahora gritaban *"crucifíquenlo"*.

La vida de Jesús es el gran ejemplo de que no importa nuestra situación, debemos siempre caminar confiados en Él. Cuando Dios nos habla una Palabra y estamos dispuestos a cumplir con Su voluntad, podremos entonces brillar como Jesús hoy brilla en nuestros corazones. Jesús permitió que antes de su voluntad, se cumpliera la voluntad de Dios en su vida. No estemos mirando las cosas pequeñas, aprendamos a mirar el ejemplo de Jesús para poder seguir cumpliendo con la voluntad de nuestro Padre, que está en los cielos.

• • •

El segundo ejemplo es el del **pueblo de Israel**, un pueblo que estaba oprimido bajo el yugo de la esclavitud.

"Y al acercarse Faraón, los hijos de Israel alzaron los ojos, y he aquí los egipcios marchaban tras ellos; entonces los hijos de Israel tuvieron mucho miedo y clamaron al Señor. Y dijeron a Moisés: ¿Acaso no había sepulcros en Egipto para que nos sacaras a morir en el desierto? ¿Por qué nos has tratado de esta manera, sacándonos de Egipto? ¿No es esto lo que te hablamos en Egipto, diciendo: "Déjanos, para que sirvamos a los egipcios"? Porque mejor nos hubiera sido servir a los egipcios que morir en el desierto. Pero Moisés dijo al pueblo: No temáis; estad firmes y ved la salvación que el Señor hará hoy por vosotros; porque los egipcios a quienes habéis visto hoy, no los volveréis a ver jamás. El Señor peleará por vosotros mientras vosotros os quedáis callados".
Éxodo 14:10-14.

Me puedo imaginar al pueblo de Israel en su noche oscura. Habían salido de Egipto pero ahora el Faraón los seguía para matarles. Y qué angustia y desánimo tienen que haber sentido cuando de pronto todo lo que había frente a ellos era un mar infinito y detrás el mismo Faraón con su ejército, preparados a matarles.

Van a venir tiempos en tu vida y en la mía donde vamos a dudar y a preguntarnos, ¿para qué Dios me ha puesto en este lugar? Pero es ahí en nuestros momentos de desesperación donde Dios hace milagros, donde Dios abre el mar en dos, para que podamos caminar confiadamente.

"Y extendió Moisés su mano sobre el mar, e hizo Jehová que el mar se retirase por recio viento oriental toda aquella noche; y volvió el mar en seco, y las aguas quedaron divididas. Entonces los hijos de Israel entraron por en medio del mar, en seco, teniendo las aguas como muro a su derecha y a su izquierda."
Éxodo 14:21-22

¡Cuántas veces en tu diario vivir te has sentido que ya no puedes más, que los problemas te ahogan! ¡Cuántas veces has pensado en rendirte, en tirar todo al lado y simplemente correr!

Yo no sé usted, pero han sido muchas las veces que me he sentido como el pueblo de Israel, sin una salida, sin socorro. Pero bendito sea Jesús que nunca nos deja solos, y sus promesas son en el amén, sus promesas se cumplen.

Dios lo único que pide de nosotros es que le sirvamos con corazones sinceros, sin dudar de su Palabra. Cuando los israelitas ven a Moisés hablándole a ese mar, me puedo imaginar las expresiones de duda e incredulidad, de desesperación en sus caras. Muchas veces la gente más cerca de ti son las que muchas veces van a querer venir a desanimarte en tu noche oscura, la gente más allegada a ti son los que muchas veces, en vez de creer contigo en un milagro, van a sembrar la duda y la incredulidad. ¡Qué impresionante tiene que haber sido ese cuadro, cuando ese mar comienza a abrir camino hasta el otro lado!

Dios quiere abrirte camino en medio de tu noche oscura, Dios quiere llevarte hasta el otro lado. *Dejemos de mirar lo negativo y miremos que al Dios que le servimos es grande.* Me impresiona el saber que ese mismo Dios que abrió ese mar en dos es el mismo Dios al que tú y yo servimos hoy día. Dios no cambia, es el mismo ayer, hoy y siempre. Cambiemos nuestra mentalidad y entendamos que le servimos a un Dios poderoso y a un Dios que cambia nuestra noche oscura en victoria y en noche de milagros. Tal vez el reporte médico que te dieron te ha sacado más de una lágrima, tal vez pienses que ya no hay solución. Para Dios no hay imposibles, la última palabra siempre la tiene Dios.

● ● ●

El último ejemplo que quiero usar es de **José**. A mí
me inspira mucho la vida de este joven, es el dulce soñador, que se ganó el desprecio y odio de sus hermanos.

*"Israel quería a José más que a sus otros hijos
porque había nacido cuando él estaba muy viejo. Israel le hizo una túnica muy distinguida. Sus
hermanos se dieron cuenta de que su papá amaba a José más que a ellos. Por esa razón lo odia-
ban y no podían decirle ni una palabra amable."*
Génesis 37:3.

Un día el papá envía a José a mirar a sus hermanos
y para su sorpresa, sus hermanos están maquinando
matarle, simplemente porque ellos pensaban que José
estaba inventándose los sueños, tal vez pensaban que
José tenía ínfulas de grandeza y como era el favorito de
su padre, le tenían celos y odio. Cuando están hablando
de qué van a hacer con José, pasa una caravana y en vez
de matarle, terminan vendiéndolo.

*"Los hermanos lo vieron venir desde muy lejos. An-
tes de que él llegara, hicieron un plan para matarlo.
Se dijeron unos a otros: Miren, ¡aquí viene el de los
sueños! Vamos, matémoslo y arrojemos su cuerpo en
uno de los pozos secos, luego diremos que lo devoró
un animal salvaje. Así veremos si se le cumplen los*

sueños. *Cuando Rubén escuchó esto, trató de librar-lo de sus hermanos y dijo: No lo matemos. ¡No de-rramemos sangre! Tírenlo en este pozo del desierto, pero no le hagan daño. Rubén dijo esto para poderlo salvar y enviarlo de regreso a su papá. Cuando José llegó a donde estaban sus hermanos, ellos le quita-ron la túnica larga con mangas que tenía puesta. Después lo agarraron y lo lanzaron al pozo. El pozo estaba vacío, no tenía ni una gota de agua. Luego los hermanos se sentaron a comer y vieron un grupo de ismaelitas que venían de Galaad. Sus camellos cargaban aromas, bálsamo y mirra. Iban camino a Egipto. Judá les dijo a sus hermanos: ¿Qué ganamos con matar y esconder la muerte de nuestro herma-no? Mejor, vayamos y vendámoslo a los ismaelitas. No le hagamos daño, él es nuestro hermano y tiene nuestra misma sangre. Todos los hermanos estuvie-ron de acuerdo. Cuando los comerciantes madiani-tas pasaron por ahí, ellos sacaron a José del pozo y lo vendieron por veinte monedas de plata a los ismaelitas, quienes luego llevaron a José a Egipto".*
Génesis 37: 18-28.

Me imagino cómo se tiene que haber sentido este joven al ser vendido por sus hermanos. Él era el con-sentido de su padre, con su túnica de colores. José era un soñador y sobre todas las cosas, amaba a Dios. Aun que vivió muchas situaciones difíciles, una cosa no se le olvidó a José y era al Dios al cual él servía. Para él pudo haber sido muy fácil olvidarse o alejarse de Dios. Aparentemente Dios lo había olvidado a su suerte… *"¿Cómo es que permite que sus hermanos lo vendieran?"* Pero sin embargo vemos que en medio de sus noches oscuras José pudo ver el favor y la gracia de Dios en su vida. En esta historia podemos ver cómo Dios usa una situación adversa y negativa para que el sueño de José se haga una realidad. Donde quiera que fuera este joven, pudo brillar para Dios.

Algunas veces van a ser las situaciones difíciles que nos van a llevar a nuestro destino y a lo que Dios ha designado para nuestras vidas. Recuerdo cuando era muy joven y mis padres fueron a vivir a la ciudad de México por un llamado de Dios. Eran muchas cosas las que yo no entendía en ese tiempo. Todo el mundo hoy conoce del bello México y sus deliciosas comidas. Pero para ese tiempo yo ni sabía que existía México, y me preguntaba por qué Dios nos tenía que sacar de nuestra zona de conformidad a un país desconocido para mí. Pero fue en ese hermoso país donde yo conocí a mi esposo, un costarricense que había llegado a predicar a México, y tantas cosas hermosas que viví, que siempre llevo en mi corazón. Si nos hubiéramos enfocado solo en lo negativo y en lo desconocido no hubiera conocido al hombre que Dios había escogido para mí.

Con estos ejemplos lo que quiero dejarte bien claro es que no importa cuán difícil sea tu situación, Dios siempre nos va a ayudar a salir de nuestra tormenta. Lo único que tenemos que tener es un corazón dispuesto para Dios y entender que nosotros no resolvemos nada con cuestionar a Dios. Nuestra confianza tiene que estar depositada solamente en Él.

Tal vez usted se pregunte: ¿por qué muchas veces no vemos a Dios en nuestro diario vivir?

Muchas veces nos preguntamos dónde esta Dios en mi peor momento. Dios siempre está en el mismo lugar, esperando por ti y por mí. Somos nosotros los que muchas veces nos distanciamos de Él. Para yo poder tener una buena relación con mi esposo, tengo que hablar con él, tengo que tener intimidad con él, tengo que saber escuchar su voz. Así mismo es nuestra relación con Dios. Para tener una mejor relación con Dios, tengo que hablarle, tengo que saber escuchar, tengo que apartar tiempo a solas con Él en intimidad. Dios está esperando por ti y por mí, porque Él es un caballero y espera que nosotros nos acerquemos confiadamente ante Él, y nunca nos va a forzar a algo que tú y yo no queremos hacer.

Cuando nuestro corazón se aleja de Dios, damos acceso a la duda y a la incredulidad para que tomen el control de nuestras vidas. Y aunque Dios siempre va a estar esperando por nosotros, no lo vamos a poder ver. Cuando quitamos nuestra mirada de Dios y nos enfocamos en nuestros problemas y circunstancias, es muy difícil creer que Dios nos puede ayudar. Tal vez en el momento no entendemos porqué Dios hace algo, pero sabemos que todo obra para bien a los que aman a Dios.

"Sabemos, además, que a los que aman a Dios, todas las cosas los ayudan a bien, esto es, a los que conforme a su propósito son llamados".
Romanos 8:28

No importa por lo que tú puedas estar atravesando, Dios está contigo y Él traerá favor y gracia a tu vida, pero a cambio requiere de nosotros un corazón dispuesto. ¿Estás dispuesto en este día a rendirte a Él por completo?

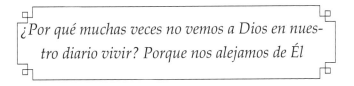

¿Por qué muchas veces no vemos a Dios en nuestro diario vivir? Porque nos alejamos de Él

¡Ha habido tantas veces en mi vida donde no he sabido adónde Dios nos estaba dirigiendo, o qué quería hacer con nosotros! Pero de algo siempre he estado segura, y es que al Dios que yo le sirvo es un Dios bueno y fiel, y que muchas veces, cuando nos dice que dejemos algo, es porque nos quiere dar algo más grandioso. Dios quiere guiarnos y llevarnos al lugar de bendición. Es

Millie Hidalgo

increíble que el pueblo de Israel pudiera haber entrado a la tierra prometida mucho antes de cuarenta años, pero por su incredulidad, por la duda, y la falta de confianza en Dios estuvieron dando vueltas por cuarenta años en el desierto.

No esperemos lo peor, Dios quiere llevarnos al lugar prometido ya. Deja de dudar y echa la incredulidad fuera de tu vida. Él quiere brillar con el sol de justicia en tu vida. Después de tu noche oscura, el amanecer vendrá con nuevos sueños y nuevas metas que cumplir. No es grato dar vueltas en vano por el simple hecho de no querer rendirnos a la voluntad de nuestro Padre que está en los cielos. Dios nos va a llevar a otro nivel, pero antes tendremos que pasar por el fuego, tendremos que pasar por el desierto para entrar al lugar de abundancia que Él ha dispuesto para nosotros.

Después de una noche oscura

Qué podemos aprender de este primer capítulo:

1. ¿Cómo buscar la voluntad de Dios en mi vida?

_____

_____

_____

_____

2. ¿Quién realmente es Dios en nuestras vidas?

_____

_____

_____

_____

3. ¿Por qué, como hijos de Dios, atravesamos por noches oscuras?

_____

_____

_____

_____

4. ¿Qué ejemplos podemos ver en la Biblia de personas que atravesaron sus noches oscuras?

_____

_____

_____

_____

5. ¿Por qué muchas veces no vemos a Dios en nuestro diario vivir?

_____

_____

_____

_____

Notas

_____

_____

_____

_____

CAPÍTULO 2

Olvidando lo que queda atrás

Olvidando lo que queda atrás

Nosotros, para poder brillar para Dios como sus hijos, tenemos que olvidar el pasado y todo lo que trae dolor y malestar a nuestras vidas. ¡Qué difícil es para el ser humano desprenderse del pasado! Me resulta sorprendente el efecto que el pasado tiene sobre nuestro presente y futuro. Algo que ya pasó no debería tener mucha más influencia en nosotros que nuestro presente. Sin embargo, mucho del pasado está con nosotros de manera constante, aun cuando no aporte nada, o sea solo una serie de recuerdos nostálgicos. Hay que tener en cuenta que no disponemos de tiempo para todo y, por lo tanto, debemos hacer lo mejor que podamos con el que tengamos disponible. En definitiva, pienso que más nos vale una experiencia hoy o un sueño de mañana, que un recuerdo de algo que ya no es, ni será lo que fue.

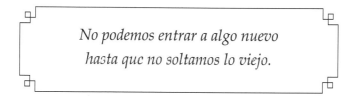

No podemos entrar a algo nuevo hasta que no soltamos lo viejo.

"No os acordéis de las cosas pasadas, ni traigáis a memoria las cosas antiguas. He aquí que yo hago cosa nueva; pronto saldrá a la luz. ¿No la conoceréis? Otra vez abriré camino en el desierto y ríos en la soledad".

Isaías 43:18-19

Dios nos está recomendando que las cosas pasadas no podemos estar trayéndolas a nuestra memoria, ni estar recordándolas continuamente. Muchas veces el pasado puede convertirse en un desierto y en un período de soledad. La única forma de poder ver un camino en medio de ese desierto y un río de bendición en medio de esa soledad, es venciendo el pasado. No podemos seguir viviendo bajo la sombra del pasado ni permitir que nos persiga adonde quiera que vayamos. *Vive bajo la sombra del Altísimo, en la cual hay futuro.*

¿Por qué tu pasado no puede estar en el mismo lugar de tu futuro? Porque uno de los dos terminará apoderándose de tu vida. Tienes que determinar dónde vas a vivir, en el pasado o en el ahora. El pasado es historia... el futuro es un misterio... *hoy es un regalo de Dios.* Hay quienes arruinan el presente por un pasado que no tiene futuro. Hay quienes ansían el futuro y olvidan el presente y así no viven ni en el presente ni en el futuro. *Vive con alegría y con expectación cada momento que Dios te permite vivir.* Debes saber que Dios conoce el futuro desde el pasado, y el pasado desde el futuro, porque Él es el Dios de ayer, de hoy, y de siempre. Recuerdo cuando salimos del ministerio del que habíamos sido parte por más de 18 años de nuestra vida. Era todo lo que conocíamos, no sabíamos que Dios nos llamaba a cosas más grandes y más amplias. ¿Qué hubiese pasado si nos quedamos pensando en lo que hubiese sucedido donde estábamos? No hubo un día donde anhelara volver atrás. Cuando Dios nos movió, quitó de mi corazón los lazos que me ataban a donde había estado por mucho tiempo. Si se lo pides a Dios, Él cambia tu corazón y te da un corazón nuevo para que puedas creer en cosas nuevas y más excelentes. Cuando el pueblo de Israel salió de Egipto estuvieron dando vueltas en el desierto, y en una ocasión trajeron a memoria las cebollas que comían en Egipto: ¡qué grandes y sabrosas eran!, y ahora estaban muriendo en este desierto.

"Nos acordamos del pescado que comíamos gratis en Egipto, de los pepinos, de los melones, los puerros, las cebollas y los ajos"
Números 11:5.

Cuando Dios nos saca de nuestro pasado, de cosas que quedaron atrás, muchas veces vamos a sentir el olor a esas cebollas de Egipto, pero sabes que Dios quiere que te mantengas enfocado en lo nuevo que Él tiene para ti. Ir a lo desconocido, a cambios nuevos, nunca será fácil. Dios no nos promete un camino lleno de rosas y de billetes de $100 dólares. En nuestro camino vamos a encontrar tropiezos y piedras. Pero de una cosa tenemos que estar seguros, y es que si Dios va con nosotros, no hay piedras que Él no pueda remover, no hay tropiezos que él no pueda sacar. *Si te has decidido a dejar el pasado atrás, permite que Dios sea el capitán de tu barca.* No mires atrás. Me imagino que la esposa de Lot estaba tan aferrada a sus cositas, que cuando Dios le dice a Lot, *"sal con tu familia y no mires tras de ti, y díselo a tu mujer también"*, tal vez ese día Lot le dijo su esposa, *"mujer, olvida lo que queda atrás y no mires tras de ti"*. Pero qué difícil es eso para nosotras las mujeres. Tal vez ella estaba pensando en sus zapatos de última moda, o en su casita acabada de pintar. Y por más que resistió la tentación de no mirar atrás, ahí va, es solo una picadita, solo con el rabito del ojo, nadie me va a ver, quiero ver por última vez lo que fue. Y todos sabemos la historia de la esposa de Lot, que se convierte en una estatua de sal.

¿En qué te has convertido tú? Lo que quedó atrás es pasado y hay que olvidarlo. Tal vez te abusaron y se rieron de ti. Tal vez naciste en una familia donde no fuiste bien recibido, tal vez las golpizas que te daba tu pareja eran tan fuertes que no te permiten vivir en paz. Pero sabes que Dios es un Dios que restaura corazones y Él hace nuevo lo viejo. Qué lindo es saber que tal vez tu padre biológico no te quiso, pero tienes un Padre Eternal que dio lo máximo por amor a ti. Dio a su único hijo para que hoy tú y yo podamos vivir libres de nuestro pasado y de las cadenas que nos atan a ese pasado. En este día renuncia a vivir en el pasado, en recuerdos que te dañan y no te permiten avanzar hacia las cosas nuevas que Dios tiene para ti. La palabra de Dios dice que nuevas son sus misericordias cada mañana. Detrás de una gran tormenta siempre sale el sol.

Quiero hablarte de tres cosas que nos ayudan a olvidar el pasado, y estas son:

- El perdón
- La fe
- La determinación.

> *Tres cosas que nos ayudan a olvidar el pasado y estas son el perdón, la fe y la determinación.*

Perdón[1]

La sanidad interior total solo puede ocurrir cuando perdonamos a aquellos que nos han herido, cuando le entregamos por completo al Señor nuestras heridas del pasado. Sea cual sea la experiencia que has tenido, las heridas que hayas sufrido, Jesús quiere curarlas y sanar tu corazón roto.

---

1. Tomado del libro Forgiveness & Inner Healing, por el Padre Robert De-Grandis S.S.J. y Betty Tapscott.

"El sana a los quebrantados de corazón,
y venda sus heridas."
Salmo 147:3

Quiere llenar el vacío que hay en tu vida con Su amor. Quiere liberarte de todo cautiverio para que puedas sentirte realizado (a). Después que le hayas pedido a Dios que te libere, después que le hayas orado para que rompa todas las cadenas que te han atado, después que Él haya limpiado todas tus heridas de las cosas que las infectaban, después que hayas perdonado a todos los que te hirieron, estarás listo para pedirle a Jesús que sane tus recuerdos dolorosos. ¡Y la noticia maravillosa, es que Él sanará todas tus heridas!

Unos años atrás yo tuve una diferencia con una persona y me sentí muy herida por lo que me había hecho. Íbamos a la misma iglesia y cuando veía a esta persona que venía por donde yo estaba, trataba de irme por el lado contrario para evitar encontrarme de frente. Así pasaron varios meses, y cada vez que me mencionaban a la persona, todo lo que venía a mi mente era lo negativo y malo que me había hecho. Un día, en uno de los servicios durante el mensaje, Dios tocó mi vida, y ese día le pedí que sacara de mí el corazón duro, y que me llenara de perdón. Dios contestó mi oración. Desde ese día pude ver a esta persona diferente, no se me olvidó lo que me hizo, pero ya no lo veía como algo tan grave. Dios permite que podamos ver con otros ojos y con

Millie Hidalgo

más misericordia. Personas de la misma iglesia me decían, "*¿pero cómo tú puedes abrazar y saludar a esa persona
después de lo que te hizo?*" Cuando Dios sana tu corazón
herido y deposita perdón en él, tú no estarás hablando continuamente de lo que te hicieron, de lo que pasó,
porque tu corazón va a estar sano. Lo que te quiero decir es que la falta de perdón endurece tanto nuestro corazón, que estamos completamente cerrados a olvidar
y a movernos hacia adelante. Los recuerdos de nuestro
pasado alimentaban mi corazón endurecido.

El perdón, ciertamente, no surge en el hombre de
manera espontánea y natural. *Perdonar sinceramente en
ocasiones puede resultar heroico.* Aquellos que se han quedado sin nada por haber sido despojados de sus propie-
dades, los prófugos y cuantos han soportado el ultraje
de la violencia, no pueden dejar de sentir la tentación
del odio y de la venganza. La experiencia liberadora del
perdón, aunque llena de dificultades, puede ser vivida
también por un corazón herido, gracias al poder del
amor, que tiene su primer origen en Dios.

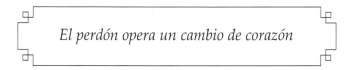

El perdón opera un cambio de corazón

El perdón opera un cambio de corazón. Debemos po-
nerle fin al ciclo de dolor por nuestro propio bien, y por
el bien de las futuras generaciones. Es un regalo que

debemos proporcionarles a nuestros hijos. Podemos pasar del dolor a la compasión. Cuando perdonamos, reconocemos el valor intrínseco de la otra persona.

"Sean más bien amables unos con otros, misericordiosos, perdonándose unos a otros, así como también Dios los perdonó en Cristo".
Efecios 4:32

El insigne fraile dominico Henri Lacordaire dijo: *"¿Quieres ser feliz un instante? Véngate. ¿Quieres ser feliz toda la vida? Perdona".*

Un discípulo de Jesús le preguntó: *"¿Maestro, cuántas veces he de perdonar?"*

"Entonces acercándose Pedro, preguntó a Jesús: "Señor, ¿cuántas veces pecará mi hermano contra mí que yo haya de perdonarlo? ¿Hasta siete veces?" Jesús le contestó: "No te digo hasta siete veces, sino hasta setenta veces siete".
Mateo 18:21-22

El perdonar no borra el mal hecho, no quita la responsabilidad al ofensor por el daño hecho, ni niega el derecho a hacer justicia a la persona que ha sido herida. Tampoco le quita la responsabilidad al ofensor por el daño hecho.

Perdonar es un proceso complejo. Es algo que sólo nosotros mismos podemos hacer.

Millie Hidalgo

La falta de perdón en el ser humano lo enferma, seca sus huesos, le amarga la vida. Yo entiendo que tal vez usted está pensando, *"es que tú no sabes lo que me hicieron a mí"*. Yo muchas veces me he sentido que personas que dijeron que nos iban a amar, que iban a guardar nuestras espaldas, nos fallaron, hablaron mentiras de nosotros. Al principio es verdad, uno lo que quiere es pagar con la misma moneda lo que hicieron a nosotros, pero si recordamos que a Jesús le hicieron cosas peores, le dieron con un látigo, le escupieron, lo rechazaron, se burlaron de él, en fin tantas cosas malas que le hicieron, y Él los perdonó por amor.

Pidámosle a Dios que ponga perdón en nuestros corazones para que podamos olvidar todo lo malo, todo lo negativo que alguna vez hubo en nuestras vidas. Aprendamos a vivir una vida llena de perdón y amor.

La Fe

Para olvidar el pasado yo necesito fe. Según la Biblia:

> **"Fe es la expectativa segura de las cosas que se esperan, la demostración evidente de realidades aunque no se contemplen".**
> **Hebreos 11:1.**

Para estar seguro de que lo que uno espera se realizará, se necesitan razones de peso que lo garanticen. De hecho, en el idioma original, la expresión que se traduce "expectativa segura" significa más que un sentimiento interno o una mera ilusión. Así que la fe implica un convencimiento basado en pruebas.

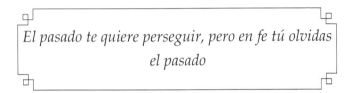

El pasado te quiere perseguir, pero en fe tú olvidas el pasado

"Porque las cosas invisibles de Él, su eterno poder y deidad, se hacen claramente visibles desde la creación del mundo, siendo entendidas por medio de las cosas hechas, de modo que no tienen excusa. Romanos 1:20". Reina-Valera 1960 (RVR1960)

El pasado no es fácil de olvidar, y para olvidarlo vamos a requerir una fe sobrenatural. *La fe es la convicción de lo que no se ve.* Con la fe usted cree y ve más allá del daño que le hicieron.

En la historia de José podemos ver como él verdaderamente perdona a sus hermanos, y hasta les ayuda en el tiempo de hambruna. Cuando él era joven ese fue el sueño que tuvo, que le servía a sus hermanos y a su padre. Al estar dispuesto a perdonar todo lo malo que sus hermanos le hicieron, no solo los perdona, sino que actúa en fe y les ayuda. Verdaderamente él les salvo la vida en el tiempo de necesidad. Dios quiere usarnos a nosotros para a través de nosotros, Él traer salvación y sanidad a una tierra necesitada de su misericordia. Pero

Millie Hidalgo

primero usted y yo tenemos que perdonar y caminar en fe, para entonces dar lo que Dios ha depositado en nuestros corazones.

¿Alguna vez has pensado sobre las cosas que hacemos a diario que requieren fe? Montarnos en un bus, comer en un restaurante, cruzar la calle, plantar una semilla... todo esto requiere cierto nivel de fe. Pero, ¿qué es la fe?, ¿cómo se define?

La Real Academia de la Lengua Española nos da algunas definiciones sobre la fe. Por ejemplo, nos habla de la fe como un conjunto de creencias que alguna persona o grupo de personas puede tener. Otra de las definiciones que ofrece habla sobre la confianza, o el buen concepto que podemos tener sobre una persona o una situación. Cuando el cristianismo define el concepto de fe, nos dice que es una virtud relativa a la teología, que consiste en afirmar la revelación de Dios.

> *Es, pues, la fe la certeza de lo que se espera, la convicción de lo que no se ve.*
> *Hebreos 11:1*

> *Pero sin fe es imposible agradar a Dios; porque es necesario que el que se acerca a Dios crea que le hay, y que es galardonador de los que le buscan.*
> *Hebreos 11:6*

La Palabra de Dios nos dice:

"Si alguien está en Cristo, él es una nueva creación; las cosas viejas han pasado; he aquí, todas las cosas han llegado a ser nuevas". 2 Corintios 5:17.

Así es como funciona la fe, significa que no somos la persona que solíamos ser antes de la Salvación. Podemos vivir en los mismos cuerpos, y nuestras mentes necesitan ser renovadas día a día, pero nuestros espíritus han sido recreados en Cristo Jesús. Y Su sangre nos ha lavado más blancos que la nieve. Así que ahora tenemos un nuevo comienzo.

La Determinación

"Hermanos, yo mismo no considero haberlo ya alcanzado. Pero una cosa hago: olvidando lo que queda atrás y extendiéndome a lo que está delante".
Filipenses 3:13

No es fácil persistir en algo cuando todo alrededor es triste y lleno de circunstancias difíciles. Dios quiere que nosotros seamos determinantes en lo que nos proponemos. Mantente haciendo lo que Él te ha llamado a hacer. Con determinación podemos olvidar lo que dejamos atrás. Con determinación puedes proponerte nuevas metas y nueva visión. Dios quiere que nos levantemos a cumplir con lo que Él ha deparado para nosotros. Cuando mi esposo y yo llegamos en el 1991 a Puerto Rico, eran muchas las metas y las visiones que teníamos para trabajar para Dios. Recuerdo que cuando llegamos, mi hija mayor tenía unos tres meses de edad, y muy pronto quedé embarazada nuevamente. No teníamos casa, ni carro, ni dinero. Un día Ilder llamó a nuestro Pastor en ese entonces y le dijo lo que nos estaba pasando, y si nos podía enviar dinero por un tiempo más, porque no teníamos nada. Recuerdo que él le contesto a Ilder, *"yo ya te envié y te eché a volar, ahora tienes que creerle a Dios por tu sustento"*. En aquel momento nos sentimos defraudados por él y pensamos *"qué fuerte"*, pero eso determinó a mi esposo a luchar y a creerle a Dios por cada cosa que necesitábamos. Él no miro lo negativo de la circunstancia, sino que se determinó a luchar para salir adelante. Si no hubiese estado determinado a lograrlo, tal vez se hubiese rendido y regresado al lugar de donde había salido. Todo en la vida nos pide determinación para lograr los sueños que muchas veces nos proponemos. Determinación para olvidar nuestras noches oscuras y mirar con fe hacia un nuevo amanecer.

En el huerto de Getsemaní Jesús sabía lo que le esperaba, Él oraba y gotas de sangre bajaban por su frente. Es por eso que su oración era, *"pasa de mí esta copa, pero que no se haga mi voluntad, sino la Tuya"*. Yo creo que en ese momento Él le pudo pedir a su padre que estaba en los cielos que pasara de Él, esa copa, que lo librara de pasar por ese trago amargo. Jesús estaba determinado a cumplir con lo que tenía que pasar.

Por la determinación de Jesús, hoy tú y yo tenemos salvación y vida abundante en Él. Determínate a olvidar el pasado y enfócate en lo que Dios tiene para ti hoy.

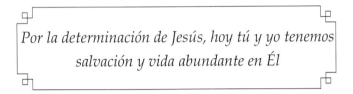

Por la determinación de Jesús, hoy tú y yo tenemos salvación y vida abundante en Él

Olvidando lo que queda atrás

Qué podemos aprender de este segundo capítulo:

1. ¿Por qué tu pasado no puede estar en el mismo lugar de tu futuro?

   _____

   _____

   _____

   _____

2. ¿Qué tres cosas te ayudan a olvidar tu pasado?

   _____

   _____

   _____

   _____

3. ¿Por qué es tan importante el perdón?

_____

_____

_____

_____

4. ¿Qué puedes aprender de Filipenses 3:13 para
   proseguir adelante?

_____

_____

_____

_____

Notas

_____

_____

_____

_____

CAPÍTULO 3

Cambios radicales

Cambios radicales

En este capítulo les quiero hablar de la importancia de hacer cambios en nuestras vidas. La Palabra del Señor dice que todo lo que te venga a la mano hacer, hazlo según tus fuerzas.

Saulo de Tarso era un perseguidor de los cristianos, pero cuando tiene un encuentro personal con Dios su vida dio un cambio radical. Comenzó a hablar diferente, a caminar diferente; su genuino encuentro con Dios le hizo jamás volver a perseguir a los cristianos, más bien se entrega a un entrenamiento y preparación y luego sale a predicar, a lo que tanto él había perseguido.

"Y al momento le cayeron de los ojos como escamas, y recibió al instante la vista; y levantándose, fue bautizado. Y habiendo tomado alimento, recobró fuerzas. Y estuvo Saulo por algunos días con los discípulos que estaban en Damasco. En seguida predicaba a Cristo en las sinagogas, diciendo que éste era el Hijo de Dios. Y todos los que le oían estaban atónitos, y decían: ¿No es éste el que asolaba en Jerusalén a los que invocaban este nombre, y a eso vino acá, para

llevarlos presos ante los principales sacerdotes? Pero Saulo mucho más se esforzaba, y confundía a los judíos que moraban en Damasco, demostrando que Jesús era el Cristo".
Hechos 9:18-22

Es impresionante cómo este hombre tiene un cambio radical en su vida y, de perseguir a los cristianos, pasa a ser el perseguido.

La razón de que muchos llamados cristianos hoy estemos en las iglesias amargados, llenos de falta de perdón y sin vidas que den testimonio de Cristo, es porque realmente nunca han tenido un verdadero encuentro con Dios.

Cuando hay un verdadero encuentro con Dios, nuestras vidas jamás pueden volver a ser las mismas. Hay un cambio tan radical en nuestro corazón que nuestras acciones cambian, ya no vemos las cosas iguales, algo muy dentro de nuestros corazones da un giro para bien.

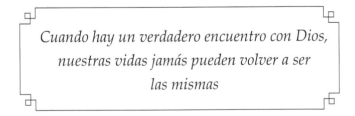

Cuando hay un verdadero encuentro con Dios, nuestras vidas jamás pueden volver a ser las mismas

No creo mucho en personas que me dicen, *"tuve un encuentro con Dios",* pero siguen actuando con las mismas acciones pecaminosas de antes. No es posible servir a dos señores, porque al final, si lo haces, algo va a salir mal.

Nosotros los seres humanos somos a los que muchas veces no nos gustan los cambios. Pasamos toda una vida con el mismo peinado, con el mismo estilo de ropa, usando el mismo banco de siempre porque ya lo conocemos, y aunque no estemos satisfechos con algo, en muchos casos se nos hace difícil cambiar.

Desde muy joven siempre escuchaba un decir, *"si quieres ropa nueva tienes que sacar lo viejo del closet"*. Conozco personas que tenían closets repletos de ropa, no cabía absolutamente nada más, pero cuando le hacia la observación de *"mucha ropa tienes"*, empezaban a decirme *"bueno aquí hay ropas de cuando yo era del tamaño 6 ahora es tamaño 16, pero algún día voy a rebajar y entonces esa ropa me servirá, o es que hay ropa de cuando yo era más joven y la estoy guardando para mi hija"*, y así seguían las razones del porqué el closet estaba repleto a capacidad, de ropa que ella no utilizaba. Así mismo cuántas personas no conocemos que abren los garajes para guardar el carro y en vez de estacionar el carro, el garaje está lleno de porquerías que nunca van a usar, pero son personas que no les gusta botar nada, no les gustan los cambios. Para este tiempo que estamos viviendo necesitamos hacer algunos cambios en nuestras vidas que nos ayuden a tener una mejor relación con Dios y en nuestro entorno.

Y cuando nosotros realmente tenemos un genuino encuentro con Dios, vamos a querer botar lo viejo. Vamos a querer que cosas nuevas y hermosas lleguen a nuestro armario espiritual. El resentimiento y la falta de perdón la comenzamos a echar fuera de nuestras vidas, para que llegue la sanidad.

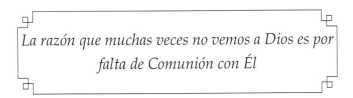

La razón que muchas veces no vemos a Dios es por falta de Comunión con Él

¿Por qué muchas veces no vemos los cambios radicales que queremos ver en nuestras vidas?

No estamos dispuestos a sacar las cosas viejas de nuestras vidas, las cosas que nos dañan y traen dolor. Muchas veces hemos hecho confesión de fe con nuestra boca pero el testimonio de vida está muy lejos de nuestra confesión de fe. Dios quiere que nosotros le entreguemos a Él, el control de nuestras vidas. Vivimos vidas tan superficiales que pensamos que con venir a la iglesia ya cumplimos con nuestra parte.

Comunión con Dios...
¿Qué es y cómo se logra?

Hay muchas maneras diferentes, y a veces parece difícil de lograr, pero a la misma vez ¡es tan sencillo! *Es hablar con esa persona a la cual tú amas, pasar tiempo de calidad, darle prioridad.* Dios creó a cada uno de nosotros con una necesidad de comunión e intimidad con nuestros seres queridos, pero por sobre todas las cosas, con Él.

"He aquí que en lo íntimo tú amas la verdad y en lo secreto me haces conocer la verdad".
Salmos 51:6

Cuando tenemos comunión con Dios la sabiduría fluye sobre nuestras vidas, pero el mundo y sus deseos quieren apartarnos de tener comunión e intimidad con Dios.

"El mundo y sus deseos pasan; pero el que hace la voluntad de Dios permanece para siempre".
1 Juan 2:17

Todo lo que nosotros podamos pensar que en este mundo puede darnos un momentáneo placer, pasa, pero si hacemos la voluntad de nuestro Padre Celestial, tendremos la dicha de permanecer en Dios. Por lo tanto, debemos llegar a entender lo que Él nos está pidiendo, y lo que está ofreciendo. Debemos darnos cuenta que fuimos creados para tener intimidad con nuestro Creador. Lo necesitamos y Él nos quiere.

Dios desea nuestra compañía. Él dio lo mejor de Sí en Su Hijo unigénito, para redimir a lo que Adán renunció en el Jardín. Él lo hizo en busca de intimidad.

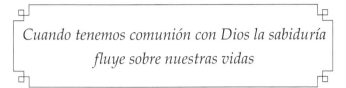

Cuando tenemos comunión con Dios la sabiduría
fluye sobre nuestras vidas

A María Magdalena siempre la presentan en las películas como una mujer hermosa, y en la forma en que la encuentran los fariseos, le piden al Maestro que esa mujer tenía que ser apedreada.

"Pero Jesús se fue al monte de los Olivos. Al amanecer se presentó de nuevo en el templo. Toda la gente se le acercó, y él se sentó a enseñarles. Los maestros de la ley y los fariseos llevaron entonces a una mujer sorprendida en adulterio, y poniéndola en medio del grupo le dijeron a Jesús: Maestro, a esta mujer se le ha sorprendido en el acto mismo de adulterio. En la ley Moisés nos ordenó apedrear a tales mujeres. ¿Tú qué dices? Con esta pregunta le estaban tendiendo una trampa, para tener de qué acusarlo. Pero Jesús se inclinó y con el dedo comenzó a escribir en el suelo. Y, como ellos lo acosaban a preguntas, Jesús se incorporó y les dijo: Aquel de ustedes que esté libre de pecado, que tire la primera piedra".
Juan 8:1-7.

Jesús solamente dice, *"el que esté libre de pecado, que tire la primera piedra".* Esta mujer queda impresionada por Jesús, tal vez todo el mundo la trataba como lo peor, pero había un Maestro que le dice, *"mujer, vete y no peques más"*. Puedo imaginar el cambio tan radical que esa mujer tuvo en ese mismo instante.

> *"Mujer, ¿dónde están? ¿Ya nadie te condena?*
> *Nadie, Señor. Tampoco yo te condeno. Ahora vete,*
> *y no vuelvas a pecar".*
> *Juan 8:10-11.*

Esta mujer jamás se vuelve a separar del Maestro. Tenemos que llegar un momento en nuestras vidas donde nosotros podamos ver lo que Dios ha hecho en nosotros para jamás apartarnos de Él. La comunión jamás involucra sólo a una persona. Como dice el antiguo adagio: *"Se necesitan dos para bailar tango."* Dios ha hecho un gran esfuerzo para bailar con la humanidad. Desde el tiempo en que caminó con Adán en el Edén hasta hoy, Su deseo no ha disminuido, ni cambiado. Dios es un caballero y Él nunca nos va a obligar a hacer algo que nosotros no queremos hacer. Él quiere que nosotros lo anhelemos a Él, que queramos tener intimidad con Él.

Usted no puede conocer a alguien si no pasa tiempo con esa persona. La comunión se desarrolla como resultado de un contacto íntimo con alguien por un período de tiempo. Se crea la confianza, crece la seguridad y los corazones cambian, llegando a quererse el uno al otro.

Muchas veces Dios solo está esperando por nosotros para venir y habitar en nuestros corazones. Necesitamos pasar tiempo a solas con Dios, que nadie se interponga entre tú y Dios. La única forma que vamos a tener esa intimidad con Dios es hablando y pasando tiempo con Él.

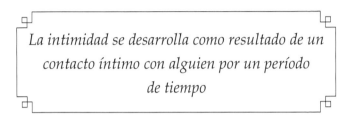

La intimidad se desarrolla como resultado de un contacto íntimo con alguien por un período de tiempo

Tal vez usted piense, *"es que tú no sabes lo ocupada de mi vida, todo lo que tengo que trabajar, el tiempo no me alcanza"*. La vida se construye con muchos pequeños momentos. En los pequeños momentos es donde usted comienza. Usted puede comenzar diciendo simplemente: *"Te amo, Jesús."*

¿Qué pasaría si usted pasara su día repitiendo: *"Jesús me ama"*, e hiciera esto por una semana? Su corazón cambiaría. El primer paso hacia la intimidad tendría lugar hablando, compartiendo.

Usted cree que para Moisés fue fácil salir fuera de su lugar de conformismo para ir al tabernáculo a adorar, pero él lo hacía porque amaba a Dios y también porque eso traía cambios, la gente lo miraba, y veían la columna de fuego, y por esta acción de Moisés el pueblo entonces se levantaba a adorar a Dios.

"Y sucedía que, cuando salía Moisés al tabernáculo, todo el pueblo se levantaba, y estaba cada cual en pie a la puerta de su tienda, y miraban en pos de Moisés, hasta que él entraba en el tabernáculo. Y cuando Moisés entraba en el tabernáculo, la columna de nube descendía, y poníase a la puerta del tabernáculo, y Jehová hablaba con Moisés. Y viendo todo el pueblo la columna de nube que estaba a la puerta del tabernáculo, levantábase todo el pueblo, cada uno a la puerta de su tienda y adoraba".
Éxodos 33:7.

Van a existir momentos en nuestras vidas en que tener comunión e intimidad con Dios nos va a demandar esfuerzo, tiempo, trabajo y sacrificio. La única manera que muchas veces le vamos a hablar a otras personas de Dios es con nuestras acciones y con nuestro testimonio. *La única manera de recobrar esa intimidad con Dios es dejando el conformismo y la pereza espiritual.*

Si usted lucha en cierta área de su vida y necesita conocer la opinión de Dios sobre el asunto, encuentre una Escritura que le ayude a usted en esa necesidad y al hablar la Palabra de Dios entonces esa Palabra se Vuelve Rhema en su vida. Dios quiere tener largos momentos de comunión con nosotros, Él desea que nuestro entusiasmo y pensar sean para Él. Eso lo hacemos a través de nuestra adoración hacia Él, la oración, y la búsqueda de la Palabra.

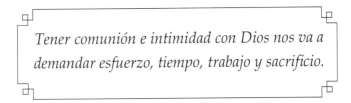

Tener comunión e intimidad con Dios nos va a demandar esfuerzo, tiempo, trabajo y sacrificio.

Y ésta es otra razón por la que no tenemos cambios radicales en nuestras vidas, y es por la falta de conocimiento de la Biblia. Pensamos que ir una vez a la semana a la iglesia va a compensar el tiempo que necesito pasar escudriñando las Escrituras. Hoy es lamentable cómo dentro de las iglesias tenemos tantas personas que solo llenan una silla o un espacio. ¿Adónde fue ese primer amor que decíamos sentir por Dios? Llegamos a nuestras reuniones y tienen que casi obligarnos a levantar manos para adorar a Dios. ¿Adónde se fue la pasión por Dios? Nos emocionamos mucho por un juego de *football*, por un concierto, vemos a algún artista secular y pensamos que es Dios, pero entramos a la casa de Dios y tenemos esta única cara, como si fuera un sacrificio venir a adorarle.

La verdad es que la Palabra de Dios dice que...

**"Mi pueblo perece por falta de conocimiento".
Oseas 4:6.**

¿Y conocimiento de qué? *Conocimiento de su Palabra.* Si nosotros no estudiamos la Palabra de Dios que es "el GPS que él nos dejó", vamos a estar muy desubicados en la dirección que Dios quiere traer a nuestras vidas. Si nosotros verdaderamente tomamos el tiempo para estudiar la Biblia, algo muy bueno va a pasar en nuestras vidas.

"Lámpara es a mis pies tu Palabra, y lumbrera
a mi camino".
Salmo 119:105

Ella me enseña cómo caminar, me enseña cómo yo amar y tratar a mis hermanos.

La Palabra de Dios trae consuelo en medio del dolor. Recuerdo a mis primos, que hace muchos años perdieron a su hijo, y en medio del dolor tan horrible de perder un hijo, ahí Dios te da fortaleza, porque la Palabra que has estado leyendo, en ese momento se hace vida en nuestras vidas.

Te invito, querido lector, a estudiar las Escrituras no como alguien ignorante, sino con el conocimiento de que es la Palabra de Dios lo que trae un verdadero acercamiento a Dios, y lo que trae cambios radicales a nuestras vidas.

Para tú ver cambios radicales en tu vida vas a tener que moverte en Fe. No importa lo imposible que se vea todo, si tienes fe, eso te impulsará a traer esos cambios necesarios a tu vida. La fe es caminando en lo que no veo.

"Es pues la fe la certeza de lo que se es-
pera, la convicción de lo que no se ve".
Hebreos 11:1

Yo no sé qué me deparan esos cambios que yo quiero ver en mi vida, pero yo camino en fe confiando en
Dios, pues Él hará, y otra vez abriré camino en medio
del desierto.

"He aquí que yo hago cosa nueva; pronto sal-
drá a luz; ¿no la conoceréis? Otra vez abri-
ré camino en el desierto, y ríos en la soledad".
Isaías 43:19

Hemos estado esperando por cambios en nuestras
vidas pero te pregunto, ¿qué tú estás haciendo para que
esos cambios lleguen a tu vida? Muchas veces queremos
mucho, pero, ¿qué estamos haciendo nosotros? Abraham por la fe, obedeciendo al llamado de Dios, partió
hacia el lugar que iba a recibir en herencia, sin saber a
dónde iba. Por la fe vivió como extranjero en la tierra
prometida, habitando en carpas, lo mismo que Isaac y
Jacob, herederos con él de la misma promesa.

"Porque Abraham esperaba aquella cuidad de sólidos
cimientos, cuyo arquitecto y constructor es Dios".
Hebreos" 11:8-10.

Yo creo que Abraham caminó en fe para tener un cambio radical en su vida y en la de su familia. Hoy le conocemos como uno de los héroes de la fe, pero tuvo que dejar muchas cosas atrás para llegar a su destino. Que cuando termines de leer este capítulo, termines con la certeza de que vas a caminar en fe y hacer algo para que tu situación cambie. *No importa cómo se ve el panorama, lucha por lo que quieres alcanzar en la vida.* Nuestra meta y prioridad siempre debe de ser seguir a Cristo y brillar para Él.

Te aseguro que si hacemos esto y lo llevamos a la práctica, antes de que te des cuenta tus deseos cambiarán, y te encontrarás continuamente en un lugar de comunión, buscando a Dios, deseándolo, y necesitándolo de una manera, que esos momentos no serán suficientes.

Cambios radicales

Qué podemos aprender de este tercer capítulo:

1. ¿Qué pasa en nuestras vidas cuando tenemos un encuentro genuino con Dios?

_____

_____

_____

_____

2. ¿Cuál es la razón que muchas veces no vemos a Dios en nuestras vidas?

_____

_____

_____

_____

3. ¿Cuál es una forma en que la sabiduría puede fluir en nuestras vidas?

_____

_____

_____

_____

4. ¿Cómo podemos desarrollar la intimidad con Dios?

_____

_____

_____

_____

5. ¿Qué demanda vamos a tener al tener comunión con Dios?

_____

_____

_____

_____

Notas

CAPÍTULO 4

Nunca es tarde para soñar

Nunca es tarde para soñar

*J*osé era un soñador y sus mismos hermanos quisieron matar sus sueños. Tal vez por todo lo que pasó, como expliqué en el primer capítulo, él pensaría que su sueño no era nada, que nunca se iba a cumplir.

"Y José tuvo un sueño y cuando lo contó a sus hermanos, ellos lo odiaron aún más. Y él les dijo: Os ruego que escuchéis este sueño que he tenido. He aquí, estábamos atando gavillas en medio del campo, y he aquí que mi gavilla se levantó y se puso derecha, y entonces vuestras gavillas se ponían alrededor y se inclinaban hacia mi gavilla. Y sus hermanos le dijeron: ¿Acaso reinarás sobre nosotros? ¿O acaso te enseñorearás sobre nosotros? Y lo odiaron aún más por causa de sus sueños y de sus palabras. Tuvo aún otro sueño, y lo contó a sus hermanos, diciendo: He aquí, he tenido aún otro sueño; y he aquí, el sol, la luna y once estrellas se inclinaban ante mí. Y él {lo} contó a su padre y a sus hermanos; y su padre lo reprendió, y le dijo: ¿Qué es este sueño que has

tenido? ¿Acaso yo, tu madre y tus hermanos vendremos a inclinarnos hasta el suelo ante ti? "
Génesis 37:5-10.

Yo muchas veces he tenido sueños que he pensado que nunca se van a realizar y hoy estoy viendo el cumplimiento de muchos de esos sueños. Dios pone sueños, visiones y metas en nuestra vidas con el fin que las hagamos una realidad. Pero muchas veces las situaciones y circunstancias nos hacen olvidar esos sueños y esas metas. Algunas veces pensamos que ya estamos mayores, que ya pasó el tiempo; nos rendimos antes los sueños que alguna vez tuvimos. La Palabra del Señor dice que:

"Aunque la visión tardare aun por un tiempo, más se apresura hacia el fin, y no mentira; aunque tardare, espéralo, porque sin duda vendrá, no tardar".
Habacuc 2:3-4

> *Dios pone sueños, visiones y metas en nuestras vidas con el fin de que las hagamos realidad*

Qué difícil muchas veces en nuestras vidas es atrevernos a hacer algo que está en nuestro corazón hacer, pero que el temor no permite que lo hagamos. La espera muchas veces nos desespera, y dejamos de creer en las promesas de Dios. Esos sueños que alguna vez tuvimos lo enterramos en lo más profundo y seguimos viviendo la vida, sin propósito y sin visión.

La realidad del temor no es tan solo lo que puede significar, sino el daño que puede hacer en nosotros. *Vivir lleno de temores puede paralizar todos los planes de Dios con nosotros.* La Biblia nos alienta diciendo:

"Porque Dios no nos ha dado un espíritu de temor, sino de poder, de amor y de dominio propio".
2 Timoteo 1:7.

Cualquier tipo de temor no viene de Dios, ni la voluntad de Él es que estemos angustiados, afligidos y menos teniendo temores a algo. *El enemigo siempre va a tratar de poner temor en nosotros para que no cumplamos con nuestros sueños, metas o visión.*

Dios muchas veces va a poner deseos en nuestro corazón por comenzar cosas nuevas y tenemos que estar dispuestos a caminar en obediencia a Él y echar el temor fuera. A veces, como seres humanos, no vamos a entender las diferentes etapas de nuestra vida, pero en medio de todos los procesos que nosotros enfrentamos a diario, debemos tener muy en claro que Dios siempre tendrá cuidado de nosotros. Debemos sacar el temor de las cosas negativas que hemos vivido en nuestro pasado para que no arruinen las cosas nuevas que Dios quiere traer a nosotros.

• • •

En el año 2012 me estaba preparando mentalmente porque mi bebe de 16 años, las más pequeña de mis hijas, en ese entonces se iba para la Universidad y estábamos en el proyecto de buscar la universidad que mejor le convenía. Estábamos acabados de regresar del estado de Texas, buscando casa y comenzando nuevamente de cero. Estaba una noche en casa de mi hermano cuando de repente no me sentí bien, ya hacía varios días que estaba ocurriendo, sentía un malestar feo. A la mañana siguiente se lo mencioné a mi querida cuñada y a mi hija mayor y ellas, vacilando, me dijeron *"vamos a hacer una prueba de embarazo"*, y todas nos reímos del chiste porque para mí eso era imposible. Al rato llegaron con una prueba de embarazo. Decidí hacerme la prueba en la madrugada, cuando es más efectivo su resultado. Al día siguiente, alrededor de las 5 de la mañana, la hice, y casi me provoca un infarto. La prueba resultó positiva, y en mi mente yo lo que decía era: *"no puede ser... Mi hija mayor tiene 22, la otra 21 y mi baby 16, ¡cómo puede estarme ocurriendo esto a mí!"*. Regresé a la cama y era un torrente de lágrimas, porque no podía entender por qué eso me estaba pasando a mí. Esa misma madrugada Ilder, mi querido esposo, me escucha llorar y me pregunta, *"¿qué te pasa, mi amor?"*, pero yo no quería decirle, porque me sentía muy apenada, y cuando finalmente le conté, él tampoco lo podía creer. Para hacerme sentir un poquito mejor me dijo que no me preocupara, que todo iba a estar bien. Al otro día, a primera hora, fui a hacerme una prueba de sangre y efectivamente, tenía 8 semanas de embarazo. En ese momento yo no podía entender por qué las cosas más terribles me pasaban a mí, a mis 44 años y embarazada otra vez, ¡no podía ser!

Entendía también que Dios siempre cumple sus promesas y unos años antes había tenido una experiencia muy triste, que en el último capítulo compartiré con ustedes. Yo creo que todo lo que el enemigo mucha veces nos roba, Dios nos los devuelve con creces. Uno de los ejemplos es Job, que perdió todo y Dios le devolvió el doble. Esta bebé llego a nuestras vidas con promesa aunque en el momento no lo entendí. En esta bebé el Señor me estaba devolviendo lo que el enemigo me había robado.

Les confieso que este embarazo lo traté de esconder hasta los 6 meses, las personas que me conocían bien, me decían: "*¡oye, estás un poquito gordita!*", y yo por dentro decía: "*¡si supieras…!*" Aunque quisieron venir a mi mente muchas cosas negativas por las experiencias pasadas, este embarazo gracias a Dios fue muy bueno y mis hijas, que son mis ángeles terrenales, se portaron muy bien, en todo me consentían y me ayudaban, en fin de verdad que no me puedo quejar. Pero este embarazo yo sentía como que no era real, mi barriga crecía y podía verlo con mis ojos, sentir sus movimientos, pero no sé, no me creía lo que estaba sucediendo.

Recuerdo cuando el gran día llegó, el 3 de julio de 2013. Yo estaba ansiosa y expectante de lo que iba a suceder, ahora que iba a ser madre nuevamente. Fue mi primera cesárea y ese día, sin duda alguna, fue uno de los más grandiosos de mi existencia. Tan pronto nació Adrianna Gabrielle toda mi tristeza se fue, todo el que dirán se fue, no me hubiese importado tener 60 años porque en mis brazos tenía a la bebé más hermosa, la más perfecta. El regalo de Dios a nuestra familia era simplemente perfecto.

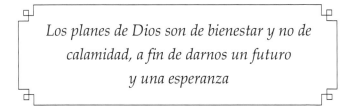

Los planes de Dios son de bienestar y no de calamidad, a fin de darnos un futuro y una esperanza

Muchas veces nosotros no sabemos los planes que Dios tiene para cada uno de nosotros, lo que sí sabemos es lo que dice la Palabra.

"Porque yo sé muy bien los planes que tengo para ustedes, afirma el Señor, planes de bienestar y no de calamidad, a fin de darles un futuro y una esperanza". Jeremías 29:11 Nueva Versión Internacional (NVI)

Por mis malas experiencia pasadas, por pensar en mi edad, por cualquier otra excusa que tal vez usé, no pudiera imaginarme vivir sin este regalo tan hermoso que Dios me dio, mi querida princesita Adrianna. *Dios nos conoce y Él sabe de qué nosotros tenemos necesidad.* Yo no sé cuál sea tu sueño hoy o inclusive qué tú has perdido en tu vida, tal vez tu matrimonio, un hijo, un empleo, una casa, las palabras que vienen hoy a mí es que Dios sabe más que nosotros, y hay cosas que jamás vamos a llegar a entender. Lo único que tenemos claro es que Dios es bueno y nunca llega tarde. *El sueño y los deseos que Él pone en nuestro corazón son para que se hagan una hermosa realidad.*

Estando en una de las reuniones un par de meses después de haber tenido a mi bebé, había un predicador invitado que me trajo unas palabras por parte de Dios. *Me dijo que, así como esa bebé había crecido en mi vientre cuando aparentemente ya yo no iba a tener más hijos, así mismo Dios hacía cosas nuevas en nuestras vidas.* Que así como esa bebé traía vida y nuevas fuerzas a nuestras vidas, así era lo que Dios estaba haciendo en nuestra vida espiritual. Que era tiempo de emprender cosas nuevas y que ahora era que volvíamos a comenzar.

Esta palabra me trajo mucha paz, ya que en esos últimos meses me sentía como que nos faltaba algo más. Mi esposo siempre viajaba predicando y llevando el mensaje de salvación pero yo, en lo personal, sentía que no tenía deseos de nada. No sé si por las experiencias del pasado me resistía rotundamente a volver al pastorado. El tiempo que fuimos pastores en Puerto Rico fue algo que amé mucho y tal vez no me quería sentir vulnerable nuevamente. Tal vez sentía que ya había hecho todo lo que tenía que hacer, que era tarde para comenzar de nuevo. Pensaba que ya habíamos hecho lo necesario, y que estaba bien.

Es aquí donde quiero enfocarme en este capítulo. Muchas veces como cristianos pensamos que ya logramos lo máximo, venimos a las reuniones y pensamos que estamos bien con nuestro grupo de conocidos, en nuestras cuatro paredes, pensando que ya no hay más, pero Dios ha depositado sueños en usted y en mí, Él quiere que esas metas, esos sueños que hemos tenido tal vez por mucho tiempo, no se apaguen, sino que vuelvan a florecer.

No pienses que ya es muy tarde para ti. En este día quiero que sepas que todo no está perdido, que todavía Dios quiere hacer cosas nuevas en ti. *Levántate de tu estado de conformismo, y vuelve a soñar.*

Tal vez piensas es que no es fácil y sí, tienes razón. Yo en muchas ocasiones me he sentido igual, me he preguntado cómo puedo volver a empezar. Es cuando tenemos un corazón dispuesto y obediente a Dios, que podemos venir ante Él y decirle: "¡úsame Dios, como quieras, aquí estoy!"

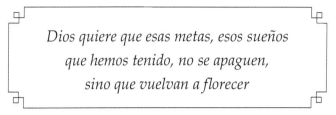

Dios quiere que esas metas, esos sueños
que hemos tenido, no se apaguen,
sino que vuelvan a florecer

¿Qué hubiera pasado con el pueblo de Ester, si ella no se hubiera levantado? Ester estuvo dispuesta a perecer por lo que ella creía.

"Ve, reúne a todos los judíos que se encuentran en Susa y ayunad por mí; no comáis ni bebáis por tres días, ni de noche ni de día. También yo y mis doncellas ayunaremos. Y así iré al rey, lo cual no es conforme a la ley; y si perezco, perezco".
Ester 4:16

Ella dijo: *"si perezco, que perezca, pero lucharé por mi pueblo e iré ante el rey"*. Yo estoy totalmente convencida de que si ella se hubiera negado, Dios tal vez hubiese usado a otra persona. Porque en el Reino de Dios no hay nadie indispensable, si tú no cumples con el llamado que Dios ha puesto en tu corazón, otro va a tomar tu lugar. Pero Dios, en su infinita bondad, siempre espera que nosotros tengamos corazones dispuestos a servirle con todo lo que somos.

¿Estarías tú dispuesto a decir *"yo iré, Señor, para esta hora tú me has levantado"*? Tal vez sientes que has pasado por el fuego, por el agua, que lo has perdido todo, pero Dios no te ha abandonado y Él te dice hoy:

"para esta hora yo te he llamado."

> En el Reino de Dios no hay nadie indispensable,
> si tú no cumples con el llamado que Dios ha
> puesto en tu corazón, otro va a tomar
> tu lugar

Nunca es tarde para soñar y para emprender nuevas metas y visiones. Él quiere que esas metas, esos sueños que hemos tenido tal vez por mucho tiempo, no se apaguen, sino que vuelvan a florecer.

Dios le da la oportunidad a todo cristiano de cumplir sus metas y sus sueños, siempre y cuando sean buenos, no importa qué tan grandes e imposibles de cumplir parezcan. Dios siempre estará presente para dar ánimo y aliento a todo aquél que lo necesite, simplemente se necesita pedir apoyo, orando constantemente y repitiendo cuantas veces sea posible la frase:

"En ti confío, hágase tu voluntad"

Nunca es tarde para soñar

Qué podemos aprender de este cuarto capítulo:

1. ¿Por qué muchas veces enterramos nuestros sueños?

_____

_____

_____

_____

2. ¿Para qué Dios pone sueños y metas en nuestras vidas?

_____

_____

_____

_____

3. ¿Cómo son los planes que Dios tiene para nosotros?

_____

_____

_____

_____

4. ¿Qué hubiese pasado con el pueblo de Ester si ella no se levanta y dice; "y si perezco, que perezca"?

_____

_____

_____

_____

Notas:

_____

_____

_____

_____

CAPÍTULO 5

Una antorcha para Dios

Una antorcha para Dios

Vosotros sois la luz del mundo; una ciudad asentada sobre un monte no se puede esconder. Ni se enciende una luz y se pone debajo de un almud, sino sobre el candelero, y alumbra a todos los que están en casa. Así alumbre vuestra luz delante de los hombres, para que vean vuestras buenas obras, y glorifiquen a vuestro Padre que está en los cielos.
Mateo 5:14-16

*L*a luz, al entrar en las tinieblas, alumbra y ya deja de ser tinieblas. Si entramos a una cueva oscura con una antorcha, ¿qué pasa? Podemos ver adónde vamos, esa antorcha nos trae seguridad para poder ir confiados en medio de la oscuridad porque tenemos una antorcha encendida en nuestras manos.

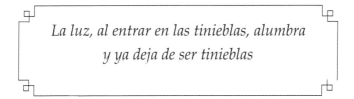

*La luz, al entrar en las tinieblas, alumbra
y ya deja de ser tinieblas*

Hoy día la sociedad que vivimos está muy contaminada con valores superficiales, desconfianza, injusticias, criminalidad, en fin, tantas otras cosas. Oímos de cosas terribles que pasan a diario en nuestras comunidades y, es triste decirlo, pero nosotros como cristianos nos hemos conformado a vivir vidas livianas, a vivir vidas que no están brillando para Dios.

En este capítulo quiero compartir con ustedes algunos principios de la Palabra en referencia a ser lumbreras para Dios:

1. Dios quiere que, en medio de la oscuridad seamos luz

Mayormente en nuestro andar en Cristo olvidamos lo que Dios nos ha llamado a ser como cristianos. **Seamos LUZ.** Entonces adquirimos conductas y actitudes de personas que no tienen a Jesús en su corazón, en lugar de irradiar el amor que Jesús derramó por nosotros.

Dios no nos llama a cambiar "un poco" nuestra conducta, *nos llama a una absoluta conversión*, que podamos tener una total rendición ante Dios para que podamos morir a todo lo que no permite que tengamos una completa rendición ante Él. Dios, bajo su promesa de restauración, nos exhorta a que saquemos todo lo malo o negativo, todo lo que nos daña. También nos dice que saquemos lo precioso y beneficioso para los demás y para nosotros mismos, con el propósito de que las personas se conviertan con nuestro ejemplo, y no que nosotros nos convirtamos a ellos. Como expuse en el capítulo anterior, tener un cambio radical para poder ser antorchas encendidas en Cristo. No te contamines con cosas que apagan el fuego de Dios en tu vida. Dios nos habla que somos la sal de la tierra, y ¿qué hace la sal? Condimenta, da sabor, y eso es exactamente lo que usted y yo tenemos que hacer, permitir que el olor de Dios salga a través de nosotros y podamos ser ejemplos de nuestro Salvador.

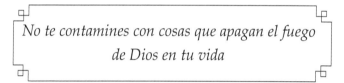

No te contamines con cosas que apagan el fuego de Dios en tu vida

"Vosotros sois la sal de la tierra pero si la sal se desvaneciere con que será salada no sirve más para nada, sino para ser echada fuera y hollada por los hombres".
Mateo 5:13.

Como la sal da gusto a tantas cosas (ejemplo: carne, huevos, tomates, etc.), así mismo tenemos que ser nosotros, dando ejemplo con nuestra vida de que somos antorchas para Dios. Somos la luz de Dios en esta tierra, siempre digo que las personas tal vez no ven a Dios literalmente, pero cuando te ven a ti, ven el amor de Dios a través de ti.

¿Con qué damos ejemplos en nuestra vida de que somos la sal de la tierra?

- *Con nuestra intimidad con Dios.* Para tener buena relación con Dios tenemos que estar a solas con Él. Es interesante que en medio de toda circunstancia y dolor que podamos atravesar, es ahí donde nuestro carácter es formado y donde nos podemos ver cara a cara con Dios.

"Por tanto, nosotros todos, mirando con el rostro descubierto y reflejando como en un espejo la gloria del Señor, somos transformados de gloria en gloria en su misma imagen, por la acción del Espíritu del Señor".
2 Corintios 3:18

- *Con nuestro testimonio.* Aprende a ser una persona que viva de acuerdo a la palabra de Dios, sin iras ni contiendas, sin ser una persona contenciosa y llena de maldad, más bien reflejemos los dones del espíritu a través de nuestro testimonio como hijos de Dios.

"El Espíritu mismo da testimonio a nuestro espíritu, de que somos hijos de Dios".
Romanos 8:16

- *Con nuestro hablar.* Si somos la sal de la tierra, hablemos dando sabor adonde quiera que vayamos. Lo que nosotros confesamos con nuestra boca se hace vida. Hablemos cosas que nos edifiquen.

"Sea vuestra palabra siempre con gracia, sazonada con sal, para que sepáis cómo debéis responder a cada uno".

Colosences 4:6

- *Con la forma de tratar a los demás.* Queremos dar testimonio y ser la sal de la tierra, pero muchas veces el trato que tenemos con los demás es muy malo. La parábola del buen samaritano nos habla de cómo este hombre estaba herido y cómo antes de pasar el buen samaritano, pasaron otros al lado de él y no hicieron nada. Seamos personas llenas de misericordia y bondad. Dios nos manda a amar a nuestros enemigos.

"Bajaba un hombre de Jerusalén a Jericó, y cayó en manos de unos ladrones. Le quitaron la ropa, lo golpearon y se fueron, dejándolo medio muerto. Resulta que viajaba por el mismo camino un sacerdote quien, al verlo, se desvió y siguió de largo. Así también llegó a aquel lugar un levita y, al verlo, se desvió y siguió de largo. Pero un samaritano que iba de viaje llegó a donde estaba el hombre y, viéndolo, se compadeció de él. Se acercó, le curó las heridas con vino y aceite, y se las vendó. Luego lo montó sobre su propia

cabalgadura, lo llevó a un alojamiento y lo cuidó. Al día siguiente, sacó dos monedas de plata y se las dio al dueño del alojamiento. "Cuídemelo, le dijo, y lo que gaste usted de más, se lo pagaré cuando yo vuelva". ¿Cuál de estos tres piensas que demostró ser el prójimo del que cayó en manos de los ladrones? El que se compadeció de él contestó el experto en la ley. Anda entonces y haz tú lo mismo, concluyó Jesús".
Lucas 10:30-37.

- *Con la forma de tratar a nuestros cónyuges.* Somos la sal de la tierra, pero no lo demostramos muchas veces en el trato que tenemos con nuestros cónyuges. Sé que hay muchos que tal vez sus cónyuges no le sirven a Dios, pero con nuestro amor y acciones podemos darle el ejemplo de ser hijos de Dios.

"Asimismo vosotras, mujeres, estad sujetas a vuestros maridos, para que también los que no creen a la palabra sean ganados sin palabra por la conducta de sus esposas, al considerar vuestra conducta casta y respetuosa. Vuestro atavío no sea el externo de peinados ostentosos, de adornos de oro o de vestidos lujosos, sino el interno, el del corazón, en el incorruptible adorno de un espíritu afable y apacible, que es de grande estima delante de Dios, pues así también se ataviaban en otro tiempo aquellas santas mujeres que esperaban en Dios estando sujetas

a sus maridos, como Sara obedecía a Abraham, lla-
mándolo señor. De ella habéis venido vosotras a ser
hijas, si hacéis el bien sin temer ninguna amenaza.
Vosotros, maridos, igualmente, vivid con ellas sa-
biamente, dando honor a la mujer como a vaso más
frágil y como a coherederas de la gracia de la vida,
para que vuestras oraciones no tengan estorbo".
1 Pedro 3:1-7.

• *Con la forma de tratar a nuestros hijos.* Háblele a
sus hijos palabras de vida y palabras que los
edifiquen. Conocí una persona que desde que
su hijo era pequeño siempre le decía loco y ¿qué
usted cree que pasó con ese hijo? Cuando creció
se comportaba como un loco. Fueron tantas las
veces que oyó esas palabras de su padre, que se
hizo vida en él. No le digas bruto a tu hijo, dedí-
cale tiempo de calidad a tus hijos. Háblales, pre-
gúntales cómo se sienten. Dios nos dio hijos para
que podamos instruirlos en la Palabra y también
guiarlos al bien, trátalos con amor.

"Y ustedes, padres, no hagan enojar a sus hijos. Más
bien edúquenlos y denles enseñanzas cristianas".
Efecios 6:4.

Seamos la sal que muchos hoy necesitan. Dejemos a
un lado las cosas de este mundo, y enfoquémonos más
en las cosas de arriba. Que podamos ser vaciados de

nosotros mismos y que Dios se haga más presente en todo nuestro ser.

Cuando nosotros podemos poner en obra estos puntos que acabo de compartir contigo, esa antorcha que ha sido depositada en nuestros corazones comienza a dar luz.

2.- Esa luz tiene que alumbrar y brillar

El primer principio nos habla de ser luz, pero esa luz tiene que alumbrar y brillar.

Yo he visto muchísimas luces que están fundidas. *¡No seas una luz fundida!* Tenemos que ser luces que alumbren y ardan para Dios.

Jesús, refiriéndose al ministerio de Juan el Bautista, dijo:

"Él era antorcha que ardía y alumbraba; y vosotros quisisteis regocijaros por un tiempo en su luz".
Juan 5:35.

Juan se había ganado el respeto aún de los líderes más radicales de su tiempo; todos lo tenían como un gran profeta de Dios, Él fue consagrado al Señor y lleno del Espíritu Santo desde que estaba en el vientre de su madre. Se guardó para el Señor desde su niñez y con el tiempo fue creciendo en Dios, nunca comprometió sus principios.

> No seas una luz fundida, tenemos que ser luces
> que alumbren y ardan para Dios

"Y él fue por toda la región contigua al Jordán, predicando el bautismo del arrepentimiento para perdón de pecados". **Lucas 3:3.**

Muchas veces comprometemos los principios de Dios y olvidamos quiénes somos en Cristo. Dios nos ha llamado pueblo escogido por Dios, real sacerdocio, nación santa. No somos cualquier cosa, somos la luz de Dios que arde y alumbra en medio de la oscuridad.

> *Muchas veces comprometemos los principios de Dios y olvidamos quienes somos en Cristo.*

¿Cómo podemos arder o brillar más por Dios?

A través del contacto con Dios.

"Dios es fuego consumidor". **Heb.12:29.**

El hierro puesto al fuego, comienza a arder. Eso hicieron los grandes hombres de Dios, como Charles Finney. Cuando ellos entendían que se estaba enfriando, dedicaban horas adicionales a la oración y la lectura de la Biblia. Ellos tenían amor a Dios y comunión íntima con Él.

"La comunión íntima de Jehová es con los que le temen, y a ellos hará conocer su pacto".
Salmos 25:14.

Hoy día necesitamos tener más amor por Dios, necesitamos estar más apasionados con Su Presencia. Necesitamos tener más amor por los hermanos y por la humanidad. Somos tan intolerantes que muchas veces caemos en murmuración y crítica en contra de nuestros hermanos, en vez de amarlos y orar por ellos. La Palabra del señor dice:

"Si alguno dice: «Yo amo a Dios», pero odia a su hermano, es mentiroso, pues el que no ama a su hermano a quien ha visto, ¿cómo puede amar a Dios a quien no ha visto?".
1 Juan 4:20.

En otra parte de la Biblia dice:

"Y amarlo con todo el corazón, con todo el entendimiento, con toda el alma y con todas las

fuerzas, y amar al prójimo como a uno mismo,
es más que todos los holocaustos y sacrificios".
Marcos 12:33.

¿Cómo vamos a arder para Dios sin tener buenas relaciones con nuestros hermanos? Cada uno de nosotros tiene el potencial para brillar para Dios. *Tenemos que estar dispuestos a caminar como Dios nos manda a caminar, dejando todo lo que impide que nos acerquemos más a Él.* Buscando siempre la unidad y comunion con Dios.

3. Tienes que tener fe

Usted debe entender que en el mundo físico el contacto visual se da a través de la vista, pero en el mundo espiritual se produce a través de la fe. Dios le ha dado ojos espirituales para que pueda ver Su Reino, pero usted debe ejercitar esa visión.

Dios es Espíritu y solo por medio de la fe podrá ver lo que pertenece a Su Reino, es allí donde podrá ver: milagros, sanidades físicas, restauración familiar y el desarrollo de su ministerio. Cuando sus ojos espirituales son abiertos, puede ver las cosas en un plano espiritual y que todo lo que Dios tiene para su vida es bueno, agradable y perfecto. Él puede suplir todas sus necesidades en el área emocional, física, familiar y ministerial.

> *Cuando sus ojos espirituales son abiertos, puede ver las cosas en un plano espiritual y que todo lo que Dios tiene para su vida es bueno*

Amigo y amiga, el Evangelio de Lucas nos recuerda que:

"Si todo nuestro cuerpo está lleno de luz, no teniendo parte alguna de tinieblas, será todo luminoso como cuando una lámpara te alumbra con su resplandor".
Lucas 11:36.

Esa es y debe ser nuestra condición, la de personas que andan en luz y que alumbran sin llegar ni siquiera a mencionar palabra alguna.

Al referirse a una antorcha, el Diccionario de la Lengua Española lo define como: "Mecha que se hace de esparto y alquitrán para que resista al viento sin apagarse." Es esto quizás lo que hemos visto tantas veces en películas cuando entran en cuevas y allí hay una de estas antorchas. Podría ser quizás esto lo que veía Jesús en Juan, pero también podría ser como la misma palabra original indica: *"lámpara portátil de aceite"*. Lo cierto e importante aquí no es qué tipo de lámpara era, sino que era portátil. Eso significa que Juan podría estar en el desierto y estar ardiendo. Podría estar en casa, ardiendo, rodeado de pecadores, pero ardiendo. Fuese donde fuese llevaba el fuego metido en sus huesos. Esto era lo que sucedía en los tiempos de los Apóstoles:

"Estos que trastornan el mundo entero también han venido acá".
Hechos 17:6

Eran portátiles, palabra muy utilizada hoy por la generación actual. Utilizamos ordenadores portátiles, teléfonos portátiles, DVD portátiles, pero cuando se trata de llevar el fuego de Dios, lo dejamos a las puertas de la iglesia, dejamos la santidad, el testimonio, la devoción, convirtiéndonos en lámparas sin aceite que ni brillan ni arden, lámparas que han perdido su propósito. O como bien expresó el profeta Jeremías:

"... cisternas rotas que no retienen agua".
Jeremías 2:13.

Si algo necesitamos hoy día es ser "portátiles" en el sentido de portar la presencia de Dios sobre nuestras vidas. Tenemos reuniones muy avivadas dentro de nuestras cómodas iglesias. Cantamos, bailamos y lloramos, y salimos al altar para ser llenos del Espíritu Santo, pero lo que realmente necesita este mundo son personas capaces de llevar esa gloria fuera de las cuatro paredes de nuestra iglesia. Personas que cuando vayan el lunes a su trabajo se acuerden de seguir siendo cristianos y de continuar brillando en medio de la oscuridad.

4. Brilla en la oscuridad

El Sol ha estado brillando por 4,6 billones de años y en este período ha permanecido relativamente sin cambios. La temperatura de su núcleo es de 15 millones de grados centígrados.

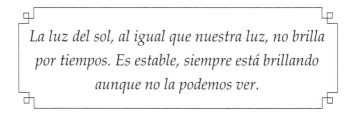

La luz del sol, al igual que nuestra luz, no brilla por tiempos. Es estable, siempre está brillando aunque no la podemos ver.

Recuerda que tu posición determina el alcance de la luz solar. Este principio también es igual en el mundo espiritual, mientras más cerca estés, más fuertes serán sus efectos.

La luz del sol, al igual que nuestra luz, no brilla por tiempos, es estable, siempre está brillando aunque no la podemos ver

Mientras más cerca estamos de Dios, más fuerte será nuestra luz, más fuerte será nuestro brillo.

Mientras la iglesia espera la venida de Cristo, Cristo espera que la iglesia se levante.

Muchas veces los afanes de este mundo, las preocupaciones, la ansiedad, y aun el pecado, pueden hacer que nuestra luz se vaya apagando. No dejes que la luz de Jesús se apague en tu vida, porque Dios te quiere usar para alumbrar muchas vidas y que éstas sean cambiadas.

"¡Cómo se ha ennegrecido el oro! ¡Cómo el buen oro ha perdido su brillo! Las piedras del santuario están esparcidas por las encrucijadas de todas las calles".
Lamentaciones 4:1.

La primera vez que el mundo oyó la voz de Dios fue cuando dijo:

"Sea la Luz".
Génesis 1:3.

Esa potente voz fue para separar la luz de las tinieblas. Hay una luz más fuerte que la luz del sol y es la luz de Dios que habita en nosotros.

"La ciudad no tiene necesidad de sol ni de luna que brille en ella; porque la gloria de Dios la ilumina, y el Cordero es su lumbrera".
Apocalipsis 21:23.

La gloria de Dios y el Cordero son lo que producen que nuestra luz brille en medio de la oscuridad.

"Y el vino que alegra el corazón del hombre, el aceite que hace brillar el rostro, y

el pan que sustenta la vida del hombre".
Salmos 104:15.

El aceite es un tipo de la unción de Dios en nuestra vida y nos hace brillar.

El poder de la luz

"Respondió Jesús: ¿No tiene el día doce horas? El que anda de día, no tropieza, porque ve la luz de este mundo; pero el que anda de noche, tropieza, porque no hay luz en él".
Juan 11:9-10.

Las estrellas en la oscuridad emiten luz para la dirección y guía al marinero; el faro da luz para facilitar la navegación y evitar desastres, así que el faro es luz y vida.

En medio de la inmoralidad y del pecado de los hombres, la Luz de Cristo es la que arroja los rayos brillantes de la Justicia de Dios.

¿Cuál es el desafío para nosotros? Recordemos lo que Jesús les dijo a sus discípulos en Mateo 5:13 y 16:

"Vosotros sois la luz del mundo... Así alumbre vuestra luz delante de los hombres, para que vean vuestras buenas obras, y glorifiquen a vuestro Padre que está en los cielos".

Millie Hidalgo

> *En medio de la inmoralidad y del pecado de los hombres, la Luz de Cristo es la que arroja los rayos brillantes de la Justicia de Dios.*

Nosotros los cristianos somos la Luz de este mundo. Esto debe de ser un motivo de orgullo para nosotros, un motivo que nos haga andar con la cabeza bien alta, pero siendo conscientes de eso, de que somos luz espiritual para algo. ¿Para qué? Para brillar y hacer que las tinieblas de nuestro alrededor se disipen.

Antorchas para Dios

Qué podemos aprender de este quinto capítulo:

1. ¿Por qué Dios nos manda a ser luz en medio de tinieblas?

_____

_____

_____

_____

2. ¿Qué pasa cuando la sal se desvanece según Mateo 5:13?

_____

_____

_____

_____

3. Cuando hablamos de antorchas portátiles, ¿a qué nos referimos?

_____

_____

_____

_____

4. ¿Qué puedes aprender de Colosences 4:16?

_____

_____

_____

_____

Notas

_____

_____

_____

_____

CAPÍTULO 6

Ángeles en nuestras vidas

Ángeles en nuestras vidas

*D*ios siempre pone en nuestros caminos a gente clave que son una bendición a nuestras vidas. En la Biblia hemos visto que muchas veces, cuando se iba a anunciar algo, se hacía a través de ángeles. Ellos son los que anuncian a María, a José y a los pastores el nacimiento del Hijo de Dios, los que asisten a Cristo después de las tentaciones del desierto o en la agonía del huerto, los que dan testimonio del sepulcro vacío y orientan a los discípulos después de la Ascensión...

Jesús afirma que:

"Los ángeles de los "pequeños" están continuamente en la presencia del Padre".

Mt 18,10.

> *Dios siempre pone en nuestros caminos a gente clave que son una bendición a nuestras vidas.*

• • •

En este capítulo quiero regresar un poco el tiempo atrás. Mi esposo y yo pastoreamos en Puerto Rico por aproximadamente 18 años de nuestras vidas. Llegamos a Puerto Rico en 1991 y allí estuvimos hasta el 2008. Una iglesia dinámica y muy linda. Cuando llegamos a ese lugar éramos apenas recién casados, con una bebé de tres meses y sin saber mucho de lo que era ser pastor. Simplemente queríamos estar en la perfecta voluntad de nuestro Dios. Llegamos en un momento crucial de la iglesia donde pudimos servir y levantar las manos de los cansados. En muchos de esos años mi papá fue crucial en muchas de nuestras decisiones. Fueron años muy lindos donde pudimos crecer espiritualmente. La iglesia creció y pensábamos que ya con lo que teníamos era suficiente, teníamos un edificio bonito como para 800 personas, ya había un grupo de 400 personas fieles, cuando habían actividades especiales se llenaba por completo. Estábamos muy bien, muy cómodos, no había necesidad de nada. Para el año 2004 mi esposo Ilder comienza a sentir una inquietud de salir de la iglesia de Humacao, Puerto Rico, a otro lugar donde Dios le quería llevar.

Para este tiempo ya tenía a mis tres princesas, Krystle, Grace y Zurymar, y siempre quise tener un hijo varón es por eso que en el año 2008, cuando sorpresivamente me dice mi Doctor que estoy embarazada, toda nuestra familia estuvo en estado de shock, luego se nos pasó y todos estábamos felices. Recuerdo como si fuera hoy cuando salí de la oficina del Dr., mi esposo Ilder me dice *"wow, ¡a empezar de nuevo!, y nos echamos a reír"*, mi niña más pequeña en ese entonces, Zurymar, tenía once años, pero como siempre había querido un varoncito pues estaba feliz pensando que ese sí era el varoncito (otra sorpresa que nos llevamos).

Siempre le dije a mi esposo que si algún día volvía a tener un bebé, este no nacería en Puerto Rico, era algo que sabía y sentía dentro de mí. Cuando en 2008, antes de saber que estaba embarazada, mi esposo me dice que ya cree que su tiempo en Puerto Rico había llegado a su fin, no es para menos el uno sentirse inseguro de si realmente sería la voluntad de Dios. Nosotros habíamos estado orando por espacio de 5 años, donde fuertemente sentíamos que Dios estaba dirigiendo nuestro ministerio a otro lugar.

Muchas veces, como gente de la Palabra y gente de Dios decimos ser gente de Fe, pero lo que vivimos está muy lejos de eso. ¿Qué loco deja su estabilidad económica, su casa, deja toda una vida por seguir un llamado? Estuvimos por más de cinco años orando, buscando la dirección de Dios para ver si lo que sentíamos en nuestros corazones se iba ya. Pero ¡qué grande es Dios que para esos días me entero que estoy embarazada! Esta vino a ser la última confirmación de que lo que Dios había puesto en nuestros corazones no era algo ligero, sino que realmente nuestro tiempo en Puerto Rico como pastores había terminado. Inmediatamente hablamos con mis padres, que nos aconsejaron que habláramos con nuestro Apóstol en ese entonces, que también para asombro de nosotros nos dijo que lo veía muy bien y que Dios estaba en el asunto. Comenzó la transición y yo me fui adelante a Wisconsin con mis papás, era un día 3 en el mes de septiembre de 2008 cuando llegué a Wisconsin con mi hija menor Zurymar, y mis 5 meses de embarazo. Yo me sentía feliz porque siempre había querido vivir cerca de mis padres y también en Chicago estaba nuestro Apóstol con la iglesia central en la cual trabajábamos. Fue verdaderamente glorioso ver en esos primeros meses como Dios nos fue supliendo cada una de nuestras necesidades. Mi embarazo venía muy bien, aunque me sentía muy triste porque Ilder se había quedado en Puerto Rico con mis niñas mayores, organizando la mudanza y las escuelas de nuestras hijas. Para principios del mes de noviembre volví a Puerto Rico, esta vez para despedirme oficialmente de la iglesia que amamos y habíamos sido sus pastores por espacio de casi 18 años. Era un capítulo que se cerraba de nuestras vidas, y un nuevo y hermoso comienzo. Me acuerdo ese mes de noviembre que definitivamente salimos de Puerto Rico, un tiempo muy triste y con muchos sentimientos encontrados. Adónde íbamos, cuántas personas nos dijeron que si estábamos locos, que nuestras hijas estaban grandes, que cómo nos íbamos a ir así nada más, tantas y tantas cosas...

Sabes que muchas veces, *cuando tenemos sueños y metas, las personas más allegadas a ti son los que van a querer venir a matar tus sueños y a asesinar tu visión.* No permitas nunca que nadie mate lo que Dios ha sembrado y ha puesto en tu corazón. No hay nadie más grande en este mundo que Dios, y si Dios te ha dicho y tú tienes la certeza de que es Dios, camina confiadamente hacia lo que Él te ha llamado. José era un soñador y los primeros que no creyeron en el fueron sus hermanos, se burlaban de sus sueños. Fue tanto el deseo de ellos de matar sus sueños que llegaron a venderlo a unos mercaderes. Qué tremendo es Dios que cuando designa algo para nuestras vidas, no importa quien se oponga, Él lo cumple. Al final vemos cómo todos los sueños de José se hicieron realidad, y gracias a esos sueños pudo salvar a su familia de la muerte.

Dios, en su infinita misericordia, permitió que un ángel llamado Gabrielle llegara a mi vida para traerme un nuevo aliento de vida y a través de ella, nuevos sueños y metas nacieron en mí.

No permitas nunca que nadie mate lo que Dios ha sembrado y ha puesto en tu corazón

El 13 de noviembre de 2008, me levanté esa mañana y mi esposo me invito con él a tomar cafecito en casa de mis padres y luego que lo acompañara a la iglesia, ya que él quería ir a orar. Recuerdo que, cuando salí de la casa de mi mamá, me sentí un poco mal y tuvimos que detener el carro porque me dieron muchísimas náuseas, inclusive tuve que bajarme del carro y devolví. Lo vi muy normal en mi estado aunque ya tenía casi 26 semanas, pero no le hice mucho caso. Cuando llegamos a la iglesia le dije a mi esposo que me iba al piso de arriba a donde estaban las oficinas mientras él se quedaba en la parte de abajo, en el Santuario, orando. Cuando estaba arriba me seguí sintiendo muy mal, era un malestar raro, y estaba sola. De pronto lo único que hice fue acostarme en la alfombra en el piso y comencé a orar. Nadie me podía escuchar y empecé a llorar, pues recuerdo que presentí que algo no estaba bien dentro de mí. No podía moverme, simplemente sentí que algo no andaba bien. En un rato me levanté como pude, fui hasta la parte baja y rápido le pedí a mi esposo que me llevara al Doctor. Cuando él me ve, me dice *"pero ¿por qué no llamas a tu Doctor antes?"* Inmediatamente llamé y me comenzaron a hacer un sinnúmero de preguntas. Cuando yo les dije que hacía varios días que no sentía al bebé moverse dentro de mí, me dijeron que tenía que ir inmediatamente. Ese día lo recuerdo como a lo lejos, como si estuviera ahí pero a la misma vez no estuviera.

Cuando llegué al hospital, ese 13 de noviembre de 2008, yo aun pensaba que era algo sencillo. Nada nunca te prepara para que un doctor te diga que tu bebé de meses está muerto dentro de ti. Ha sido una de las cosas más fuertes, difíciles y tristes que he vivido en mi vida. Tener que dar a luz a mi bebé sin vida. De verdad que los momentos difíciles y tristes nos hacen más fuertes.

Una querida persona me escribió esto el 19 de noviembre de 2008:

> *Hi Millie,*
>
> *Solo quiero decirte que te quiero mucho y que he estado orando mucho mucho por ti. Quería hablarte, pero elegí mejor escribirte.*
>
> *Desde anoche, mientras oraba por ti y le daba gracias a Dios por ti, me venía a la mente la misión del Ángel Gabriel, y me fui a estudiar un poquito de él, porque mientras oraba sentía que Gabrielle había sido un angelito que Dios envió a tu vida para cumplir una misión.*
>
> *Lo primero que hizo el Ángel Gabriel fue que le dijo al profeta Zacarías, "No temas, tu oración ya ha sido escuchada". Yo sé que la oración tuya y de Ilder había sido poder salir de Puerto Rico, y esta bebé fue la señal de Dios para darles la contestación a lo que tanto habían pedido.*
>
> *Lo segundo que hizo el Ángel Gabriel fue que anunció el nacimiento de Jesús, y tu bebita trajo a existencia*

y totalidad el nacimiento de Salvation Tour, la visión que Dios había puesto en Ilder y en ti, para un tiempo como este.

Yo creo que la bebita tuya fue un Ángel con una misión impresionante. Ella agitó las aguas en la vida de ustedes y apresuró los pasos que Dios tenía de antemano para ustedes.

Yo sé que no hay palabras para "make it all better", pero te puedo decir que en 25 y algo semanas la criatura en tu vientre cumplió su propósito... propósitos que gente ya adulta muchas veces ni cumplen.

Y hoy Dios te dice a ti, Millie, como dijo el profeta Jeremías, "Porque yo sé muy bien los planes que tengo para ustedes — afirma el Señor —, planes de bienestar y no de calamidad, a fin de darles un futuro y una esperanza." Aunque humanamente sería preferible que esta experiencia no fuese parte del plan de Dios, una cosa que yo siempre digo y he aprendido es lo que dijo Pablo en Romanos 8:28, "Todo obra para bien para aquellos que aman a Dios..." (y yo le añado que todo no ha sucedido). Esto es una pequeña parte, muy dolorosa, del panorama completo de lo que Dios tiene para ti y los tuyos.

Un abrazo y recuerda que en mí has hallado una amiga...

Lynette

Millie Hidalgo

Dios siempre pone gente especial en nuestras vidas que hacen papel de ángeles con sus acciones y que nos levantan las manos cuando sentimos desfallecer. Después de este acontecimiento en mi vida, fue muy difícil para toda mi familia entender por qué cosas así le pasan a personas que aman y sirven a Dios.

Hay cosas que nunca vamos a entender aquí en la tierra, pero algún día estaremos ante nuestro Padre Celestial y entonces todo será más claro. En medio de mi dolor, pude entender que Dios sana lo más profundo de nuestros corazones y hoy puedo llevar aliento y palabra de esperanza a tantas mujeres que han perdido hijos o han pasado por la misma experiencia que yo pasé. Dios llena los vacíos que muchas veces circunstancias y situaciones difíciles traen a nuestras vidas.

La letra de esta canción que escribió Milton Valles, ministró mucho a mi vida:

A veces *llorarás*

A veces *reirás*

Algo hoy *morirá*

Algo hoy *nacerá*

La vida es así

Pasan solo minutos y

Cambia inesperadamente

No pierdas la calma

Él tiene el control

Tu victoria cerca está

Dios nunca se equivoca
Él sabe lo que hace
Nada le toma por sorpresa
Y el cumplirá su propósito en ti
Cuando todo parece perdido
Y que Él guarda silencio
Tu victoria cerca está

Hay ángeles que Dios enviará a nuestras vidas con el propósito de dar una palabra, un aliento en un momento determinado. Dios usará los medios que Él crea necesarios para llevar el mensaje que Él quiera darnos. Lo único que yo les puedo expresar a ustedes es que Dios es bueno y sus misericordias son para siempre. Esto me pasó en el 2008, y en el capítulo *Nunca es tarde para soñar* les narro la linda historia de cómo después de esta dolorosa experiencia, Dios nos bendijo con un angelito llamado Adrianna.

• • •

Quiero terminar este capítulo dedicándolo a mi querido padre, que fue a morar con Dios hace un par de semanas atrás. Yo me consideraba la nena de papi y nunca imaginé mi vida sin él. Papi siempre fue el pilar de nuestra familia. El que siempre arreglaba todo lo que estaba torcido. Fue un hombre que le sirvió a Dios gran parte de su vida. Cuando era muy joven, tuvo una experiencia con Dios que donde quiera que él iba, la decía como testimonio: Él era policía en Puerto Rico y para ese entonces vivía una vida desordenada y muy lejos de Dios. Una noche en particular Dios le habló a través de una visión donde él iba al cielo. A partir de esta experiencia, su vida jamás fue la misma, ya que esa misma noche aceptó a Jesús como su Salvador y nunca volvió atrás. En el transcurso de su vida, yo como su hija vi muchos momentos donde Dios enviaba personas como ángeles a suplirle sus necesidades. En varias ocasiones tuvimos la certeza de que eran verdaderos ángeles enviados por Dios.

En 1986 mis padres llegaron como misioneros a México, y yo con ellos. Fueron tiempos muy lindos donde en muchas ocasiones pudimos ver milagros de Dios. Para mí todo era una aventura, era joven, y como joven ni me enteraba muchas veces de situaciones difíciles que vivían mis padres a diario. Tengo dos hermanos varones y otra hermana mujer, pero yo fui la única que acompañé a mis padres a vivir en México por esos dos años. En ese tiempo vi suceder muchos milagros a causa de la fe inquebrantable de mis padres. Hoy, que él ya no está aquí con nosotros, quiero compartir algunos testimonios que vivimos con él.

Especialmente recuerdo una noche, era muy tarde y viajaba con mi padre por alguna ciudad de México, nos encaminábamos por carro a otro pueblo. Lo único que recuerdo es que mi papá estaba buscando una gasolinera porque ya nos quedaba poca gasolina, pero siguió pasando el tiempo y no había ningún puesto de gasolina por ningún lado. De repente me despertaron los tirones y movimientos que dan los carros cuando se quedan sin gas. El carro se paró en un lugar muy solitario y oscuro. Rápido todos nos asustamos y recuerdo a mi mamá súper nerviosa, en una tierra desconocida para nosotros en ese tiempo, y en un lugar que no parecía muy seguro...

De repente, de la nada vemos una luz por los campos que se va acercando a nosotros, cada vez más cerca hasta que del zacate grande de entre medio sale una troca y va directamente hacia nosotros. Lo primero que nos dice es: *"saque el carro de la orilla de la carretera y estaciónelo más en la tierra, donde no hay carretera, porque aquí es muy peligroso"*. Mi papá no había terminado de estacionar mejor el carro cuando un camión súper gigante pasa casi por donde estábamos. El chofer le dice a mi papá, *"vamos a buscar gasolina, vénganse conmigo"*. Imagínense como estaba mi mamá, ¡súper aterrorizada!, tan tarde en la noche, sin gasolina y un extraño que no conoce se llevaba a mi papá a buscar gasolina... No sé cuántas millas tuvieron que ir desde donde estábamos, y cuando regresa mi padre con el personaje y le echan un poco de gasolina, esta persona se vuelve a ofrecer para llevarnos a la estación de gasolina, y entonces nosotros le seguimos. Mi papá llena el tanque de gasolina y cuando va a pagar, el encargado le dice que ya el hombre había pagado toda la gasolina. En ese mismo momento mi papá sale para pagarle y darle las gracias por su ayuda, y cuando estamos buscándole para darle su dinero y las gracias, jamás le vimos. Estoy hablando de un lugar desierto, oscuro y solitario, por lo menos hubiésemos visto las luces del carro cuando se fue, pero no, tan misterioso como apareció, así mismo desapareció. Siempre supimos que fue un ángel de Dios, no había otra explicación.

En un domingo regular, día para ir a la iglesia, recuerdo esa fría mañana en el estado de Wisconsin, estando recién llegados de Puerto Rico. Si usted nunca ha estado en Wisconsin, sepa que es uno de los estados más fríos de los Estados Unidos. Mis padres, con sus cuatro hijos pequeños, comenzando una nueva vida en cero. Esa mañana en particular nos levantamos y recuerdo a mi mamá, a la que papi le seguía diciendo, *"avanza, prepárate para irnos a la iglesia"*. Mami le contesta, *"pero Obed, no hay dinero para gasolina, y tampoco hay nada para darles desayuno a los niños"*. Claramente recuerdo que papi le decía, *"Dios suplirá..."* Pero en la nevera lo único que había eran galones de leche, que en vez de leche estaban llenos de agua. ¡Lo único que había era agua! Papi le dice *"viste a los nenes que ya casi nos vamos"*, y me imagino que mami solo pensaría, *"bueno, este hombre está bien loco"*. No pasó casi nada de tiempo cuando llegó una señora que recién conocíamos y nos dice, *"estaba haciendo la compra de comida y sentí hacerles una compra a ustedes"*. Ella vino con su esposo y comenzaron a subir bolsas con comida y con todo lo que nosotros necesitábamos, y al final le dice a mi papa *"...y tenga estos $20 dólares para que eche gasolina y vayan a la iglesia"*. Eran personas inconversas que casi ni conocíamos, pero muchas veces Dios va a usar lo menos que tú te imaginas para suplir tu necesidad. Para nuestra familia esos fueron ángeles que Dios usó para bendecirnos a nosotros en ese día.

En otra ocasión era temporada de navidad y mis padres estaban preocupados porque no tenían nada para regalarnos. Fue la primera navidad que pasamos en Wisconsin. No teníamos nada. Cuando salimos de Puerto Rico teníamos solamente $175 dólares que bien recuerdo, porque él siempre lo decía. Estábamos todos en la casa cuando de repente suena el timbre, y todos nos miramos porque no conocíamos a nadie, pero como niños presentados corrimos a ver quién era. Cuando mis padres abrieron la puerta comenzaron a entrar unas personas con paquetes para nosotros. Eran abrigos nuevos, ropa nueva, comida, juegos, tantas y tantas cosas que nos dejaron muy sorprendidos. Aparentemente el estado de Wisconsin escogía a familias necesitadas para ese año y le suplían todo lo que pudieran necesitar según el número en la familia, y nosotros éramos seis. Papi nunca pensó que fue el estado de Wisconsin, él siempre decía ese fue Dios usándolos como ángeles para suplir nuestra necesidad.

> *Dios tiene cuidado de ti y de mí, Él tiene ángeles cuidándonos y guardando nuestra entrada y nuestra salida*

En la parábola del rico y el pobre, se nos dice que:

"Cuando murió el pobre Lázaro, fue llevado por los ángeles al seno de Abrahán". **Lc 16:22**

Papi fue mi ángel en esta tierra, y aunque yo sé que está reinando con nuestro Dios, no deja de doler. *Sólo puedo decirles que Dios es el único que puede llenar el vacío que deja un padre en nuestros corazones.* Él es el único que nos ayuda a superar el dolor y la tristeza. Tal vez nos preguntamos, pero y por qué esto nos pasa a nosotros, que le servimos a Dios y somos buenos. Mi respuesta para ti es que son cosas que no vamos a llegar a entender hasta que estemos parados ante Dios, en su presencia. Lo que sí te puedo decir es que son ángeles que Dios puso en nuestro camino para hacer nuestras vidas más lindas y ellos siempre vivirán en nuestros corazones.

Papi nunca dejó de brillar para Dios. Todo lo que soy hoy, en gran parte es lo que aprendí de él. A él le gustaba el perfume Polo, porque ese perfume tenía buen fijador. Cuando se lo ponía dejaba un olor rico por dondequiera que pasaba. En su caminar por esta tierra siempre dejó un aroma, un brillo de lo que era ser un hijo de Dios. Papi, por siempre estarás en mi corazón y yo sé que un día te veré y no habrá más despedidas, te abrazaré y juntos adoraremos a nuestro Padre Celestial.

¡Sigamos brillando para Jesús!

"Hagan brillar su luz delante de todos, para que ellos puedan ver las buenas obras de ustedes y alaben al Padre que está en el cielo".
Mateo 5:16

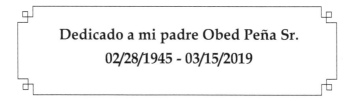

Dedicado a mi padre Obed Peña Sr.
02/28/1945 - 03/15/2019

Notas

_____

_____

_____

_____

_____

_____

_____

_____

Made in the USA
Columbia, SC
19 April 2019